新能源汽车
动力电池系统检修

主　编　朱德乾　纪少波　史　洁　罗　杰
副主编　梁其续
主　审　王长建

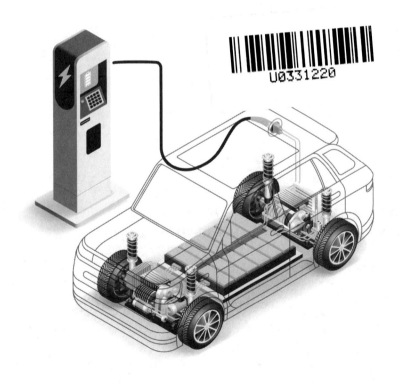

U0331220

上海交通大学出版社
SHANGHAI JIAO TONG UNIVERSITY PRESS

内容提要

本书为"新能源汽车系列"教材之一,从新能源汽车动力电池系统的原理和结构入手,系统地介绍了动力电池系统的维护与保养、检修基础知识、故障诊断与排除、检修操作规范等知识,重点突出动力电池系统的故障诊断与检修操作技能。本书共有 4 个项目,18 个学习任务,主要内容包括综合续航里程严重下降故障诊断与排除、动力电池不上高压电故障诊断与排除、动力电池无法充电故障诊断与排除、混合动力汽车动力电池系统故障诊断与排除。本书为新形态教材,扫描书中对应章节的二维码,可获取相关微课视频及拓展资料等内容。

本书适合高职高专院校新能源汽车专业的学生使用,也可供新能源汽车维修技术人员参考。

图书在版编目(CIP)数据

新能源汽车动力电池系统检修/朱德乾等主编. ——
上海:上海交通大学出版社,2024.1
ISBN 978 - 7 - 313 - 28709 - 0

Ⅰ.①新… Ⅱ.①朱… Ⅲ.①新能源-汽车-蓄电池
-检修-高等职业教育-教材 Ⅳ.①U469.720.7

中国国家版本馆 CIP 数据核字(2024)第 017603 号

新能源汽车动力电池系统检修
XINNENGYUAN QICHE DONGLI DIANCHI XITONG JIANXIU

主 编:朱德乾 纪少波 史 洁 罗 杰
出版发行:上海交通大学出版社　　　　　地　 址:上海市番禺路 951 号
邮政编码:200030　　　　　　　　　　　电　 话:021-64071208
印　　制:上海景条印刷有限公司　　　　经　 销:全国新华书店
开　　本:787mm×1092mm　1/16　　　　印　 张:10.5
字　　数:227 千字
版　　次:2024 年 1 月第 1 版　　　　　　印　 次:2024 年 1 月第 1 次印刷
书　　号:ISBN 978 - 7 - 313 - 28709 - 0　　电子书号:ISBN 978 - 7 - 89424 - 495 - 6
定　　价:58.00 元

版权所有　侵权必究
告读者:如发现本书有印装质量问题请与印刷厂质量科联系
联系电话:021 - 59815621

前　言

编写背景

党的二十大报告指出,坚持把发展经济的着力点放在实体经济上,推进新型工业化,加快建设制造强国、质量强国、航天强国、交通强国、网络强国,推动制造业高端化、智能化、绿色化发展。

新能源汽车融汇新能源、新材料和互联网、大数据、人工智能等多种变革性技术,推动汽车从单纯交通工具向移动智能终端、储能单元和数字空间转变,带动能源交通、信息通信基础设施改造跃升,有效促进能源消费结构优化、智能交通体系和智慧城市建设,具有广阔市场前景和巨大增长潜力。2023 年伴随新能源汽车市场的快速增长,新能源汽车后市场将需要大量的售后服务人才。

本教材根据职业院校一体化教学以及"1+X"新能源汽车装调与测试技能证书培训需要编写而成,具有校企合作双元开发、课证融通等特色。学习任务的设计遵循职业院校学生的认知规律,从结构组成认知开始,然后进行技术分析阐述相应工作原理,最后完成实际操作任务,培养故障诊断及维修操作技能。

使用建议

"新能源汽车动力电池系统检修"是新能源汽车检测与维修专业的核心课程,根据企业实践专家访谈会代表性工作任务分析,结合新能源汽车售后服务企业相关从业人员职业能力测评为基础设计学习任务。该教材共设计有 4 个学习项目,分别是综合续航里程严重下降故障诊断与排除、动力电池不上高压电故障诊断与排除、动力电池无法充电故障诊断与排除、混合动力汽车动力电池系统故障诊断与排除。

本教材适用于高职以及中职的新能源汽车技术、新能源汽车检测与维修技术、汽车智能技术、汽车检测与维修技术等专业。

由于编者的水平,书中存在的错误和不足之处,敬请广大读者批评指正。

编　者

2023 年 7 月

目　　录

项目1 综合续航里程严重下降故障诊断与排除

项目导入

项目名称	综合续航里程严重下降故障诊断与排除			
姓名	班级		成绩	
组别	组长		场地	
日期	学时		指导教师	
项目描述	一辆比亚迪秦纯电动汽车,已行驶3年,里程为60 000 km,目前该车出现综合续航里程严重缩短现象,客户怀疑是动力电池容量严重衰减,要求更换动力电池包。 　　小明是比亚迪4S店的一名汽车维修工,今天接到班组长的派工单,要求在2个小时内完成动力电池包常规检查、电池内阻检查、电池单体健康状态检查、总能量检查等,对是否更换动力电池作出判断,如果符合更换动力电池包条件,将会为客户更换动力电池包。 　　请以小组合作的形式,通过阅读维修工单,明确任务要求,查阅维修手册,确定维修作业流程与技术标准,在规定工期内完成动力电池包常规检查、电池内阻检查、电池单体健康状态检查、电池总能量检查等。填写维修工单,交付班组长进行质量检验,在工作过程中遵循现场工作管理规范。			
项目目标	(1) 能阅读并规范填写维修工单,就车确认汽车状况并记录相关信息,明确动力电池系统检查维修作业的项目、内容和工期要求。 (2) 能参照维修手册和前期获取的相关知识,根据厂家规定制定动力电池系统检查维修作业流程,并进行作业前的准备工作。 (3) 能按照动力电池系统检查维修作业方案,以双人合作的方式,在规定时间内完成动力电池包常规检查、电池内阻检查、电池单体健康状态检查、总能量检查等,并填写检查维修记录。 (4) 能根据企业三级检验制度,按行业竣工检验标准,对检查维修作业质量进行自检、组检和终检,在维修工单上填写质检结果并签字确认后交付车辆。			

任务 1.1 动力电池单体内阻检测

任务描述

　　一辆比亚迪秦纯电动汽车,客户反映最近该车充满电之后续航里程明显减少,怀疑动力电池容量严重衰减,要求更换动力电池包。初步检查可能是某节动力电池单体容量衰减故障,请按规范检测电池单体内阻。

任务目标

　　(1) 能说明新能源汽车动力电池类型。
　　(2) 能说明锂电池结构组成并解释其工作原理。
　　(3) 能正确使用内阻测试仪检测动力电池单体内阻,并根据检测数据判断电池性能。

知识链接

1.1.1　动力电池单体类型

　　新能源汽车配备的高功率储能电池一般被称为动力电池,属于化学电源,是将物质通过化学反应所释放出来的能量直接转化为电能的装置,其性能的优劣会直接影响新能源汽车的性能。一般来说,可对动力电池按电解质、工作性质、储存方式和电池所用正、负极材料进行分类。本教材重点阐述按电解质进行分类的动力电池。

　　按照动力电池电解质的不同,可将动力电池按如图1-1所示方式进行分类。

　　1. 酸性电池之铅酸电池

　　铅酸蓄电池具有比能量低、质量和体积较大、充电时间长、行驶里程短、使用寿命短、污染较大等缺点,所以一般用在速度不高、行驶路线固定的车辆上或用作燃油汽车起动机和电气设备的电源。

　　2. 碱性电池之镍氢电池

　　镍氢电池具有可循环充放电、耐过充和过放电、无记忆效应、使用温度范围宽、安全可靠性高等特点,被誉为"绿色电源"。目前丰田混合动力汽车主要采用镍氢电池。

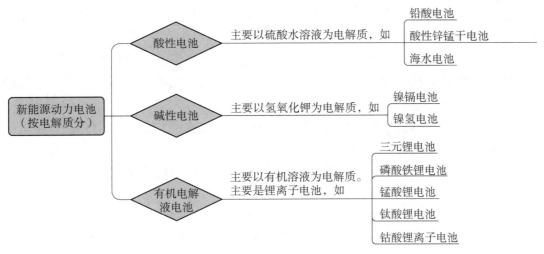

图 1-1　动力电池分类

3. 有机电解液电池之锂离子电池

锂离子电池是一种新型高能蓄电池,是当今各国能量储存技术研究的热点。锂离子电池具有工作电压高、比能量高、充放电寿命长、无记忆效应、能快速充电、自放电率低、工作温度范围宽、外形塑造性强等优点。但是锂离子电池的成本高,且为了防止其过充,还必须要有特殊的保护电路。

 能量补给站

在现行新能源汽车中,应用最多的是磷酸铁锂电池以及三元锂电池中的"兄弟俩"——镍钴锰(NCM)三元锂电池和镍钴铝(NCA)三元锂电池。

1.1.2　锂电池工作原理

锂离子电池主要由电极、电解液、隔膜、外壳等组成,如图 1-2 所示。

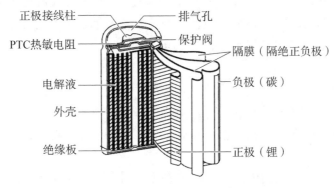

图 1-2　锂离子电池组成

正极:主要指磷酸铁锂、镍钴锰酸锂、镍钴铝酸锂等活性物质,导电集流体一般使用厚度为 $10 \sim 20 \mu m$ 的铝箔。

隔膜:一种特殊的塑料膜,可以让锂离子通过,但却是电子的"绝缘体"。

负极:主要指石墨或近似石墨结构的碳材料一类的活性物质,导电集流体一般使用厚度为 $7 \sim 15 \mu m$ 的铜箔。

电解液:一般为有机体系,如溶解有六氟磷酸锂的碳酸酯类溶剂,另有些聚合物电池会使用凝胶状电解液。

电池外壳:主要分为硬壳(如钢壳、铝壳等)和软包(如铝塑膜)两种。

1. 三元锂电池

1) 工作原理

三元锂电池将镍钴锰酸锂作为正极材料,石墨作为负极材料。充电时正极上有锂离子生成,经过电解液运动到负极。作为负极的碳呈层状结构,有很多微孔,到达负极的锂离子会嵌入碳层的微孔中,嵌入的锂离子越多,充电容量就越高。放电时嵌在负极碳层中的锂离子移出运动回正极,回到正极的锂离子越多,放电容量越高,如图 1-3 所示。

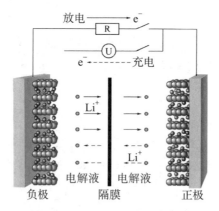

图 1-3　三元锂电池工作过程

镍钴锰酸锂电池按照镍、钴、锰所占的比例不同分为 523/622/811 等多种类型。523 就是镍、钴、锰占比分别为 50%、20%、30%;622 就是镍、钴、锰占比分别为 60%、20%、20%;811 就是镍、钴、锰占比分别为 80%、10%、10%。镍元素的主要作用是提高电池能量密度,钴元素的主要作用是提高电池充放电效率和循环寿命,锰元素的主要作用是提高电池安全性。

2) 技术参数

三元锂电池的额定电压为 $3.7 V$,工作电压为 $3.2 \sim 4.2 V$,充电工作温度为 $0 \sim 45 ℃$,放电工作温度为 $-20 \sim 60 ℃$,充放电循环次数达 2 000 次,最大放电持续电流为 $1C$。

3) 特点

三元锂电池的优点是能量密度高,缺点是安全性差、耐高温性差、大功率放电差。当其大功率充放电后温度急剧升高,高温后释放氧气极容易引起燃烧。

2. 磷酸铁锂电池

1）工作原理

磷酸铁锂电池采用磷酸铁锂为电池正极，碳（石墨）组成电池负极，其电解质为有机溶液或固体聚合物。

当对电池进行充电时，正极的含锂化合物由锂离子生成，锂离子经过电解液运动到负极。负极的碳材料呈层状结构，有很多微孔，到达负极的锂离子嵌入碳层的微孔中，嵌入的锂离子越多，充电容量越高。

当对电池进行放电时，嵌在负极碳层中的锂离子移出，通过聚合物隔膜向正极迁移，运动回正极，如图1-4所示。

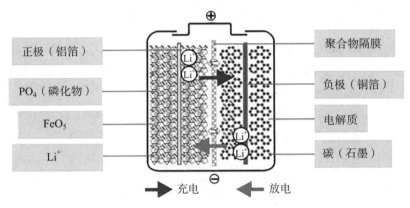

图1-4 磷酸铁锂电池工作过程

2）技术参数

其额定电压为3.2 V，最高充电电压在3.6 V左右，终止放电电压为2.5 V，充电工作温度为0～55℃，放电工作温度为−20～60℃。其充放电循环次数可达3 000次以上，标准放电电流为$2C$～$5C$，持续大电流放电可达$10C$。

3）特点

磷酸铁锂电池的优点是充放电倍率大、成本低；高温性能好，其电热峰值可达350～500℃；安全系数高，动力电池板穿刺、短路也不易爆炸燃烧。缺点是能量密度较低，低温环境下性能较差。

3. 聚合物锂电池

聚合物锂电池所用的正负极材料与液态锂电池相同，其工作原理也基本一致。它们的主要区别在于电解质不同，液态锂电池使用的是液体电解质，而聚合物锂电池则使用的是固体聚合物电解质，所以称为固态锂电池。

1）聚合物锂电池分类

（1）固体聚合物电解质锂电池。电解质为聚合物与盐的混合物，这种电池在常温下的离子导电率低，适于在高温环境下使用。

（2）凝胶聚合物电解质锂电池。在固体聚合物电解质中加入增塑剂等添加剂，从而提高离子导电率,使电池可在常温下使用。

2)聚合物锂电池优点

(1)安全性能好。聚合物锂电池在结构上采用铝塑软包装,有别于液态电池单体的金属外壳。一旦发生过热放气,液态电池单体容易爆炸,而聚合物电池单体最多只会发生鼓胀。

(2)厚度小,能做得更薄。普通液态锂电采用先定制外壳,后塞正负极材料的方法,当厚度做到 3.6 mm 以下就会存在技术瓶颈;聚合物电池单体则不存在这一问题,厚度可做到 1 mm 以下。

(3)质量轻。聚合物电池质量较同等容量规格的钢壳锂电池轻 40%,较铝壳电池轻 20%。

(4)容量大。聚合物电池较同等尺寸规格的钢壳电池容量高 10%~15%,较铝壳电池高 5%~10%。

(5)内阻小。聚合物电池单体的内阻较一般液态电池单体小,降低了电池的自耗电。

(6)形状可定制。聚合物电池可根据客户的需求增加或减少电池单体厚度,开发新的电池单体型号,且开模周期短,价格便宜。

(7)放电特性佳。聚合物电池采用胶体电解质,相比液态电解质,胶体电解质具有平稳的放电特性以及更高的放电平台等优点。

能量补给站

提示:锂离子电池不能过度充放电,因为过度充放电会对电池的正负极造成永久性损坏。

过度放电导致负极碳片层结构出现塌陷,而塌陷会造成充电过程中锂离子无法进入。放电时锂离子不能完全移向正极,必须保留一部分锂离子在负极,以保证下次充电时的锂离子顺利嵌入通道,否则电池寿命就会变得相当短。因此,为了保证碳层中放电后留有部分锂离子,必须严格限制放电终止最低电压。

过度充电使过多的锂离子嵌入负极碳结构,而造成其中部分锂离子再也无法释放出来。因此,必须严格限制最高充电终止电压,不能过充,否则会因为正极材料中的锂离子过度脱出,从而造成晶型坍塌,导致电池出现寿命终结的状态。

锂离子电池保持性能最佳的充放电方式为浅充浅放。

1.1.3　检测动力电池单体内阻

1. 电池电压

额定电压:是指电池在标准规定条件下工作时应该达到的电压。

工作电压:是指在电池两端接上负载后,在放电过程中显示出的电压。

充电限制电压:电池由恒流充电转入恒压充电时的电压值。

终止电压:放电终止时电池的负载电压。

2. 电池内阻

电池的内阻是电流通过电池内部受到的阻力,它是衡量电池性能的一个重要参数。

电池内阻包括欧姆内阻(R_Ω)和电极在电化学反应时所表现出的极化内阻(R_f),两者之和称为电池的全内阻(R_w)。

电池的内阻越小越好。因为电池内阻过大,会导致电池放电时工作电压降低,放电时间缩短。影响电池内阻大小的主要因素是电池的材料、制造工艺、电池结构等。

3. 电池内阻检测

电池内阻是反映电池内部的参数。通过大量的试验得出,电池的内阻值随电池容量的降低而升高,当电池不断老化,容量不断降低时,电池的内阻会不断增大。

一般来说内阻值越小,电池的性能越好,测量电池内阻被公认是准确且快速判断电池健康状况的一种好方法。

电池内阻仪不同于万用表测量电阻的原理,它所测量的值是毫欧级,而万用表测量的值是欧姆级,所以两者不能等同。测量电池的内阻需用专用内阻仪测量,不能用万用表欧姆挡测量。锂电池的内阻一般在 10 mΩ 以下。

任务实施

小组合作检测动力电池单体内阻。

1. 任务准备

(1) 安全防护装备:绝缘手套、安全警示标识等。

(2) 车辆、台架:纯电动汽车整车、动力电池实训台架。

(3) 专用工具:数字式万用表、电池内阻测试仪、直流稳压充电电源。

2. 安全注意事项

(1) 确定车辆或实训台架处于安全状态。

(2) 遵守新能源汽车操作安全提示。

(3) 如果就车操作,如有必要请穿戴绝缘保护用品。

3. 任务操作过程

检测动力电池单体内阻的步骤和实施方法如表 1-1 所示。

表 1-1　动力电池单体内阻的检测步骤和实施方法

步　骤	实 施 方 法
1. 检测电池单体电压	检测电压:_____V　标准电压:_____V
2. 对电池单体充电	使用直流稳压电源对电池单体进行充电 三元锂电池设置充电电压:_____V 磷酸铁锂电池设置充电电压:_____V

（续表）

步　　骤	实 施 方 法
	三元锂电池充电电流：＿＿＿＿＿＿A 磷酸铁锂电池充电电流：＿＿＿＿＿＿A
3. 检测电池单体内阻	（1）仪器清零 在测量之前需要检查电池内阻测试仪是否清零 （2）测试电池内阻 将测试笔连接电池正负极，测试电池内阻 检测内阻：＿＿＿＿＿Ω　标准内阻：＿＿＿＿＿Ω
4. 检测数据分析	（1）充电电流的数据是否正常：＿＿＿＿＿＿＿ （2）电池单体内阻数据的是否正常：＿＿＿＿＿＿＿

 **动力电池单体容量检测**

 任务描述

　　一辆比亚迪秦纯电动汽车,客户反映最近该车在充满电后,续航里程明显减少,怀疑是动力电池容量严重衰减,要求更换动力电池包。初步检查可能是某节动力电池单体容量衰减故障,请按规范检测电池单体实际容量。

 任务目标

　　(1) 能解释动力电池健康状态定义。
　　(2) 能使用电池容量检测仪对动力电池单体进行放电测试,检测动力电池单体健康状态。

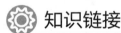 **知识链接**

1.2.1　动力电池单体实际容量检测

1. 电池容量

　　动力电池容量是指电池在充满电以后,在一定放电条件下,在允许放电范围内所能输出的电量,它直接影响电池的最大工作电流和工作时间。

　　实际容量:电池在一定放电条件下所能输出的电量,等于放电电流与放电时间的乘积,主要受放电倍率和温度的影响。

　　额定容量:按一定标准所规定的放电条件,电池应该放出的最低限度的容量。

> **能量补给站**
>
> 　　影响电池容量的因素主要有两方面:一是活性物质的质量,二是活性物质的利用率。容量常见单位有 mA·h、A·h(1 A·h=1000 mA·h)。

2. 荷电状态

荷电状态(state of charge, SOC)是指电池剩余按额定电流放电的可用容量/额定容量的值。SOC=1 表示电池为充满状态,随着动力电池放电,动力电池的电荷逐渐减少,此时,可以用 SOC 的百分数来表示动力电池中电荷的变化状态,一般动力电池放电高效区为(50%～80%)SOC。

3. 放电倍率

放电倍率实际上是指电池在规定的时间内放出额定容量所输出的电流值,它在数值上等于额定容量的倍数。例如 3 倍率放电,表示放电电流的数值是额定容量数值的 3 倍。若电池的容量为 15 A·h,那么该电池每小时的放电电流应为 3×15 A=45 A。

4. 电池健康状态的估算

电池健康状态(state of health, SOH)的标准定义是在标准条件下,动力电池从充满电状态以一定的倍率放电到终止放电电压时所放出的容量与其所对应的标称容量的比值。

SOH 主要用来表征电池的健康状态,其数值在 0～100% 之间,该数值用于量化电池的性能衰退程度,一般来说,当 SOH 低于 80% 时,电池的性能有所下降,可能无法满足原始设计要求,因此需要考虑更换电池。

5. 动力电池单体容量测量

锂电池容量测试是以满电电压和设定的终止电压为参数的。恒流放电一般用 C 表示,C 是以电池额定容量对照电流的一种表示方法,锂电池一般用 $0.2C$ 进行放电测试。$0.2C$ 是国际标准测试方法,实际上可以用 $0.5C$ 进行放电测试。

1) 将被测量电池充满电

磷酸铁锂电池最高充电电压是 3.6 V,三元锂电池最高充电电压是 4.2 V。

锂电池充电的基本要求是特定的充电电流和充电电压,以此来保证电池安全充电。

阶段 1:涓流充电——先用涓流充电来对完全放电的电池单元进行预充(恢复性充电)。在电池电压低于 3 V 左右时采用涓流充电,涓流充电电流是恒流充电电流的 1/10,即 $0.1C$。以恒定充电电流为 1 A 举例,则涓流充电电流为 100 mA。

阶段 2:恒流充电——当电池电压上升到涓流充电阈值以上时,提高充电电流进行恒流充电。恒流充电的电流在 $0.2C$～$0.5C$ 之间。电池电压随着恒流充电过程逐步升高,一般单节电池设定的电池电压为 3.0～4.2 V。

阶段 3:恒压充电——当电池电压上升到 4.2 V 时,恒流充电结束,开始恒压充电阶段。根据电池单体的饱和程度,随着充电过程的继续充电,电流由最大值慢慢减少,当减小到 $0.01C$ 时,即可认为充电终止。

阶段 4:充电终止——有两种典型的判断充电终止的方法:采用最小充电电流和采用定时器。最小电流法监视恒压充电阶段的充电电流,并在充电电流减小到 $0.01C$～$0.07C$ 范围时终止充电。第二种方法是从恒压充电阶段开始计时,持续充电 2h 后终止充电过程。

2) 恒流放电

搁置 1 h 后以恒流放电,放电电流设置为 $0.2C$,电压设置为终止电压,磷酸铁锂电池设置电压为 2.5 V,三元锂电池设置电压为 3.2 V。

注:电池的容量在不同的放电倍率下所能测试的容量值是不相同的。电池容量测试一般以小倍率(如 0.2 C)放电,同时应注意不要深度放电以防损坏电池。

3)计算电池实际容量

电池容量=放电电流×放电时间。

4)计算动力电池健康状态

$$SOH = \frac{电池实际容量}{额定容量} \times 100\%。$$

1.2.2　动力电池单体失效分析

电池单体的失效模式又可分为安全性失效和非安全性失效。

1. 电池单体安全性失效分析

1)电池单体内部正负极短路

引起电池内部短路的原因有很多,可能是由于电池单体生产过程中缺陷或长期振动外力导致电池单体变形所致。一旦发生严重内短路,将无法阻止,外部保险不会起作用,必定会引发烟雾或火灾。如果遭遇该情况,我们能做的就是第一时间通知车上人员逃生。对于电池内部短路问题,到目前为止电池厂家没有办法一定能在出厂时将有可能发生内部短路的电池单体筛选出来,只能在后期充分做好检测,降低电池发生内部短路的概率。

2)电池单体漏液

电池单体漏液是非常危险,也是非常常见的失效模式,电动汽车发生起火事故大多都是因为电池漏液造成的。电池漏液有如下原因:碰撞外力损伤、安装不规范造成密封结构被破坏、制造时焊接缺陷、封合胶量不足造成密封性能不好等。

电池漏液后整个电池包的绝缘将会失效,单点绝缘失效不会造成太大影响,如果有两点或以上绝缘失效会发生外部短路。从实际应用情况来看,软包和塑壳电池单体相比金属壳单体更容易发生漏液情况,因此更加容易发生绝缘失效。

3)电池负极析锂

电池使用不当,过充电、低温充电、大电流充电都会导致电池负极析锂。发生负极析锂后,锂金属不可还原,从而引起电池容量不可逆衰减。负极析锂达到一定严重程度,会形成锂枝晶,刺穿隔膜发生内部短路,因此动力电池在使用时应该严禁在低温下进行充电。

4)电池单体胀气鼓胀

电池单体产生鼓胀的原因分为两类:一是电池极片的厚度变化导致的鼓胀,二是由于电解液氧化分解产气导致的鼓胀。

(1)电极极片厚度变化。

在锂电池使用过程中,电极极片厚度会发生一定的变化,尤其是石墨负极。现有数据显示,锂电池经过高温储存和循环容易发生鼓胀,厚度增长率为 6%~20%,其中正极膨胀率仅为 4%,负极膨胀率在 20% 以上。锂电池极片厚度变大导致的鼓胀根本原因是受石墨本质的影响,负极石墨在嵌锂时形成 LiC_x(LiC_{24}、LiC_{12} 和 LiC_6 等),晶格间距变化,导致形成微观内应力,使负极产生膨胀。

（2）电池产气引起的鼓胀。

电池内部产气是导致电池鼓胀的另一重要原因,无论电池是在常温循环、高温循环还是高温搁置下,均会产生不同程度的产气鼓胀。在电池使用过程中,内部产气量会逐渐增多,主要原因是电解液中存在杂质或电池内水分超标。另外电池的过充和过放电、内部短路等也会加速电池的产气速度,造成电池失效。

2. 电池单体的非安全性失效分析

1）容量一致性差

动力电池的不一致性,通常是指一组电池内电池单体的剩余容量差异、电压差异过大,引起电池续航能力变差的现象。

引起电池间一致性变差的原因有多个方面,主要包括电池的生产制造工艺、电池的存放时间长短、电池组充放电期间的温度差异以及充放电电流大小等因素。

目前主要的解决方法是提高电池的生产制造工艺控制水平,尽可能保证电池的一致性,使用同一批次电池进行配组。这种方法有一定效果,但电池组使用一段时间后一致性差的问题仍会出现。电池组发生不一致性问题后,如果不能及时处理,问题会愈加严重,以至于引发危险。

2）自放电过大

电池制造时杂质造成的微短路引起的不可逆反应是造成个别电池自放电偏大的主要原因之一。当电池的自放电非常小时,大多数电池生产厂家都会对其忽略不计。但电池在长时间的充放电及搁置过程中,被环境条件影响发生化学反应,会引起电池自放电现象,这使电池电量降低,性能低下,达不到使用需求。

3）低温放电容量减少

随着温度的降低,电解液低温下性能不好,导电率降低,导致电池电阻增大。目前各厂家电池在 $-20\,^\circ\mathrm{C}$ 下的放电容量基本是额定容量的 $70\%\sim75\%$。低温下电池放电容量减少,且放电性能差,影响电动汽车的使用性能和续航里程。

4）电池容量衰减

电池容量衰减主要来自活性锂离子以及电极活性材料的损失,是电池不可避免的问题。但目前电池厂家应该首要解决的问题是安全性失效问题和电池一致性问题,在此之后再考虑延长电池的循环。

🏠 任务实施

小组合作检测动力电池单体实际容量。

1. 任务准备

（1）安全防护装备:绝缘手套、安全警示标识等。

（2）车辆、台架：纯电动汽车整车、动力电池实训台架。

（3）专用工具：数字式万用表、直流稳压充电电源、电池容量测试仪。

2. 安全注意事项

（1）确定车辆或实训台架处于安全状态。

（2）遵守新能源汽车操作安全提示。

（3）如果就车操作，如有必要请穿戴绝缘保护用品。

3. 任务操作过程

检测动力电池单体实际容量的步骤及实施方法如表 1-2 所示。

表 1-2　任务实施的步骤及方法

步　骤	实　施　方　法
1. 检测电池单体电压	检测电压：_____V　标准电压：_____V
2. 对电池单体充电	设置终止充电电压 三元锂电池设置充电电压：_____V 磷酸铁锂电池设置充电电压：_____V
3. 使用电池容量检测仪对单体电池进行充放电测试，检验单体电池健康状态（以 4 节 1 500 mA·h 镍氢电池为例）	（1）放电电流设置 对电池进行放电，放电电流设置为 0.2C 设置放电电流：_____A （2）放电终止电压设置 磷酸铁锂电池设置放电终止电压：_____V 三元锂电池设置放电终止电压：_____V 镍氢电池设置放电终止电压：_____V

（续表）

步　骤	实 施 方 法
	（3）使用电池容量检测仪进行放电 记录电池检测容量：_____C
4. 计算电池健康状态	电池 SOH＝_____％

 动力电池包的认知

视频：认识动力电池包

任务描述

一辆比亚迪秦纯电动汽车，客户反映最近该车充满电之后续航里程明显减少，怀疑动力电池容量严重衰减，要求更换动力电池包。初步检查是动力电池包故障，请按规范进行检查动力电池包。

任务目标

（1）能说明动力电池包的结构组成。
（2）能说明动力电池包 CTP/CTB/CTC 的特点。

知识链接

1.3.1　动力电池包有模块成组设计

电池包可以从物理和化学两种途径优化它的整体性能。物理途径指的是通过各种工程学上的优化，提升电池包内部空间布局的合理性，把尽可能多的空间留给电池；化学途径指的是通过调整电池内化学物质的配比，寻找更有优势的电池方案。

在当前主流的电池包结构中，新能源汽车动力电池包主要由电池单体→电池模块→电池包三个层级构成。动力电池包采用模块设计，一方面是为了便于运输和维修，在车辆遇到问题的时候无须整体更换，只需要把有问题的模块换掉即可；另一方面是为了安全，在模块之间可以布置更多的加强筋等，给电池单体多一层保护。

1. 电池单体

电池单体是直接将化学能转化为电能的基本单元装置，它是构成动力电池的最小单元，如图 1-5 所示。

2. 动力电池模块

将一个及以上的动力电池单体按照串联、并联或串并联方式组合，且只有一对正负极输出端子，并作为电源使用的组合体称为电池模块，如图 1-6 所示。

图 1-5　动力电池单体

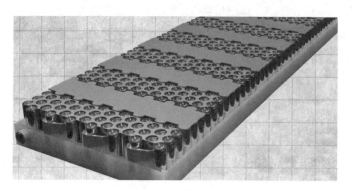

图 1-6　动力电池模块

电池通过模块形式安装于电池包中,其物理结构设计可以对电池单体起到支撑、固定和保护作用,方便对电池单体进行机械强度、电性能、热性能和故障处理等方面的管理。

1)动力电池模块成组

动力电池模块是由几颗到数百颗电池单体经并联及串联所组成的组合体。电池模块组成方式标识为 xxxPxxxS,注意:字母 P 表示并联,字母 S 表示串联。例如"3P5S",即该动力电池模块是先用 5 个电池单体串联为一组,然后再用 3 组相同的电池组相互并联组成电池模块,如图 1-7 所示。

电池模块典型的连接方式有先并联后串联、先串联后并联,如图 1-8 所示。

先并后串:由于内阻的差异、散热不均等都会影响并联后电池循环寿命。但单个电池失效自动退出,除了会引起容量降低以外,并不会影响并联后使用,并联工艺较严格,如图 1-8(a)所示。并联中某个单位电池短路时,会导致并联电路电流非常大。

先串后并:指若干个电池单体串联为一组,然后再用相同的电池组相互并联组成电池模块,降低了大容量电池组故障概率,如图 1-8(b)所示。

2)电池单体的串联特性

以 N 个电池串联为例,电池单体的基本参数:电压为 3.2 V,容量为 5 A·h,能量为 16 W·h。

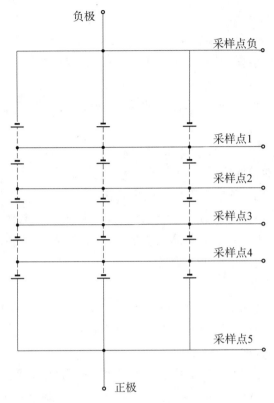

图 1-7　动力电池模块成组

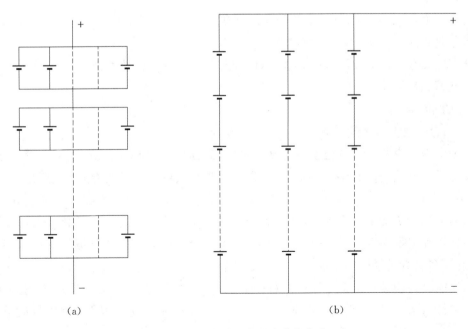

图 1-8　电池模块典型的连接方式

(a)先并后串组合;(b)先串后并组合

总电压为 N 个电池电压之和：　　　　　$V_总＝N×3.2\,V$。

总容量保持不变，为电池单个容量：　　$Q_总＝5\,A·h$。

总能量为 N 个电池能量之和：　　　　　$W_总＝N×16\,W·h$。

3）N 个电池并联特性

以 N 个电池并联为例，电池单体的基本参数：电压为 3.2 V，容量为 5 A·h，能量为 16 W·h。

总电压为单个电池电压：　　　$V_总＝3.2\,V$。

总容量为 N 个电池单体容量之和：　　$Q_总＝N×5\,A·h$。

总能量为 N 个电池能量之和：　$W_总＝N×16\,W·h$。

总之，无论是 N 个电池串联还是 N 个电池并联所构成的电池模块，其性能特性均可总结如下：总电压为 N 个串联电池单体电压之和，总容量为 N 个并联电池单体容量之和，总能量为串并联中所有电池单体能量之和。

4）电池拓扑结构特点

从电池组连接的可靠性、电池电压不一致性和电池组性能影响的角度分析，先并联后串联连接方式优于先串联后并联连接方式，而先串后并的电池拓扑结构有利于对系统各个电池单体进行检测和管理。

并联及串联要求电池种类一致、型号一致，容量、内阻、电压值差异不大于 2%。一般情况下，电池通过并联串联组合后，容量损失 2%～5%，电池数量越多，容量损失越多，一组中容量最低的电池决定整组电池的容量。

5）动力电池模块的尺寸

国内早期纯电动车通常采用 355 模块，长宽高尺寸为 355 mm×151 mm×108 mm，该标准最早是由德国汽车工业协会推出的电池 VDA 标准尺寸。

随着电动车行业的发展，动力电池供应商都开始向 590 模块过渡，例如，宁德时代 590 模块的长宽高尺寸为 590 mm×225 mm×109 mm。

3. 动力电池包

1）动力电池模块之间的焊接

动力电池包由若干个电池模块串联组合而成，如图 1-9 所示。动力电池模块之间的连接要能承受颠簸路面的振动冲击，通常采用激光焊接或超声波焊接，其优点是可靠性较好，但不易更换。

动力电池模块常用的汇流排有镍片、铜铝复合汇流排、铜汇流排、铝汇流排。动力电池模块连接片多采用多层材料复合的方法，其中一层材料为连接片与极柱的连接层，保证焊接性能，多层材料叠加用于保证连接片的导电性。

高压电路的连接是整个电池包组装中最核心、最关键的一点，必须保证主回路连接的可靠性和低内阻，一般采用铜排而非铝排，如图 1-10 所示。这是因为铝排的硬度较低，在高温、高应力的情况下，铝会发生塌缩，并且塌缩之后不易回弹，一热一冷后就会导致缝隙加大，接触电阻上升，带来安全隐患。并且铜排还设计了很多立体弯折，在受到振动或受

图 1-9　动力电池包的组成

图 1-10　动力电池主回路铜排连接

热膨胀时，可以通过这些弯折来吸收长度的变化，避免将载荷转移到连接螺钉上。

2）动力电池包的组成

动力电池包是能量储存装置，包括单体或模块，通常还包括动力电池电子部件、高压电路、过流保护装置及其他外部系统的接口（如冷却、高压、辅助低压和通信等），对于高于60 V 的动力电池包，亦包括手动切断功能，以上所有部件应该安装在常用防撞动力电池箱内，如图 1-11 所示。

能量补给站

动力电池包的技术参数：

动力电池系统的额定电压＝电池单体额定电压×电池单体串联数。

动力电池系统的容量＝电池单体容量×电池单体并联数量。

动力电池系统总能量＝动力电池系统的额定电压×动力电池系统的容量。

动力电池系统质量比能量＝动力电池系统总能量÷动力电池重量。

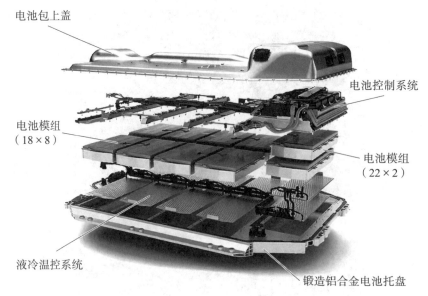

电池包上盖

电池控制系统

电池模组
（18×8）

电池模组
（22×2）

液冷温控系统

锻造铝合金电池托盘

图 1-11 动力电池包组成

1.3.2 动力电池包无模块成组设计

动力电池包都是平板的电池包，多应用于纯电动车平台。从 2019 年开始，新能源汽车动力电池生产企业开始量产无模组设计，以此来降低成本，提高效率。

1. 动力电池 CTP 技术

电芯到电池包(cell to pack，CTP)是指电芯直接集成为电池包，该技术省去了中间模组环节。CTP 不但提高了电池内部空间利用率和体积比能量密度，而且不影响整车的技术指标，如图 1-12 所示。

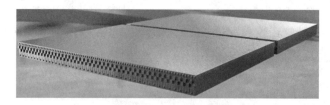

图 1-12 动力电池 CTP 技术

CTP 的好处可以分为三方面：其一是容量增加，在减少了模块的外壳以及各种附加走线之后，同样体积的电池包能够容纳更多电池单体；其二是可靠性增加，去除不必要的组件之后，零部件的整体数量可以减少 40%；其三是价格便宜，少了多道工序之后，制造成本显著降低。

2. 动力电池 CTB 技术

电池车身一体化技术(cell to body，CTB)是将车身地板与电池上盖集成，形成电池与车身的融合。比亚迪的 CTB 技术是先将单体电芯集成到电池包内，然后将电池包作为一个单独零件，安装于整车底盘上，如图 1-13 所示。与传统电池包方案的不同点在于，CTB

技术取消了车身下地板,同时利用电池包的上盖代替车身下地板的功能。同时比亚迪还在车身上还保留了中间的加强横梁,承担加强车身侧向强度的作用。

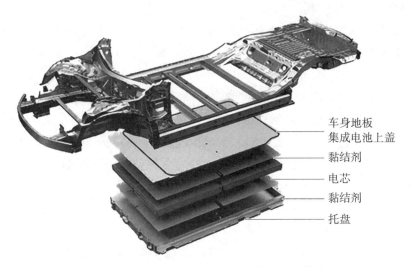

图 1-13　比亚迪的 CTB 电池车身一体化技术

3. 动力电池 CTC 技术

电池底盘一体化技术(cell to chassis,CTC)是将电池单体直接集成到车辆底盘内部的技术。特斯拉的 CTC 技术仍有电池包的概念,只是电池包的上盖兼具车身地板功能,座椅就可以直接安装在上面。特斯拉 CTC 与比亚迪 CTB 集成方案不同的地方在于其取消了车身横梁,将横梁集成在电池包的上盖上,车身只提供外围框架,如图 1-14 所示。

图 1-14　特斯拉的 CTC 电池底盘一体化技术

1.3.3　动力电池包轻量化技术

目前,电动汽车使用的电池大多数是锂离子电池,过重的电池系统使电动汽车的续航能力与传统燃油汽车相比明显不足。有数据表明,电动汽车质量减 10%,可以提高 5.5% 的续航里程。实现电池系统轻量化可从三种途径展开,分别是提高电池单体的能量密度、减轻电池系统配件质量、优化电池系统设计。

1. 提高电池单体的能量密度

1）采用高容量正极材料

动力电池正极材料的容量和电压是限制电池能量密度最主要的因素。正极材料的质量占到单体电池的40％～45％，因此采用高工作电压和高容量的正极材料能够显著提升电池的能量密度。

三元镍钴锰酸锂（NCM）材料可通过调配镍、钴、锰三者比例，从而获得不同特性的材料，目前三元锂电池主要应用是NCM811。一般来说三元材料中含镍比例越高，材料单位质量所贡献的能量越多，其制备的电池能量密度越高，但同时电池的循环性能和稳定性会有所下降。

镍钴铝酸锂（NCA）材料是高镍三元材料的另一种，镍钴铝酸锂的结构类似于三元锂NCM811体系，但掺铝后材料的稳定性和循环性能更好。

2）采用高容量负极材料

在工业化的锂离子电池中，负极质量占到电池单体质量的15％～20％。石墨的理论比容量为 372 mA·h/g，是常用负极材料，但对电池能量密度的提高有限。硅负极的理论比容量高达 4 200 mA·h/g，是石墨容量的 10 倍多，成为高容量负极材料开发的热点。目前有两种解决纯硅负极材料的体积膨胀和循环性差问题的方式，一种方式是制备纳米硅材料；另一种是制备硅的复合材料，如硅/碳或者硅氧复合材料。复合材料的优势在于各成分发挥各自的优良性能以实现协同效应，从而降低其体积效应。

3）提高极片中活性物质占比

一般电池单体正负极极片的组分包括活性物质、导电剂和黏结剂。导电剂和黏结剂比例降低，提高了活性物质的占比，从而提高了电池单体的能量。目前碳纳米管、碳纤维、石墨烯等导电剂的应用能够有效降低导电剂的比例，从传统的 3％～4％ 的比例降低至 0.5％～1％。在电池设计中，导电剂和黏结剂的优化至关重要，既要提高活性物质占比，又不能影响电池的功率密度、极片的吸液能力以及极片的柔韧性等。

2. 减轻电池系统配件质量

减轻电池系统配件质量也能提升电池系统能量密度。电池系统主要配件是电池箱体，它是电池的载体，被称为电动汽车的"心脏"，起着保护电池安全的关键作用。可选取高强度、低密度性能的材料，在保证其基本的物化性能的同时也能降低电池箱体的质量，更加适用于实际。

1）高强度钢

高强度钢是指屈服强度介于 210～550 MPa 的钢材，屈服强度超过 550 MPa 的钢材称为超高强度钢。在相同强度情况下，使用高强度钢可有效降低零件厚度以实现轻量化。

2）铝合金

铝合金具有密度低、强度较高、冲击性好、塑形性好、耐腐蚀性好、易回收等优点，可加工成各种型材，在工业上广泛使用。但是铝合金又有焊接工艺较差、材料价格较高的缺点，如果能改善铝合金成型工艺以及降低材料成本可促进电池箱体轻量化发展。

3）复合材料

复合材料是指由两种或两种以上的材料组合成新材料。它融合每种材料的优势，具有质量轻、强度大、耐腐蚀和耐磨等优点，在某些领域逐渐取代金属合金。复合材料按结构特点可分为夹层复合材料、纤维增强复合材料，其中应用最广的为纤维增强复合材料，例如碳纤维与环氧树脂复合材料。复合材料和一般钢件相比减重超过50％以上，和铝合金相比减重也达到30％以上，这对于电池箱体质量的减轻有较为明显的效果。

3. 优化电池系统设计

通过对电池系统配件合理的结构设计来减少材料的使用，在配件安全性能不变的情况下达到轻量化目的，如配件中空化、复合化、薄壁化等。还可通过设计电池单体尺寸和重新排布电池，达到使电池箱体体积不变的同时放置更多数量电池单体的目的，以提高电池系统能量密度。

 任务实施

小组合作认识动力电池包，并检测动力电池包。

1. 任务准备

（1）安全防护装备：绝缘手套、安全警示标识等。

（2）车辆、台架：纯电动汽车整车、动力电池实训台架。

（3）专用工具：数字式万用表、绝缘手套。

2. 安全注意事项

（1）确定车辆或实训台架处于安全状态。

（2）遵守新能源汽车操作安全提示。

（3）如果就车操作，根据操作规范穿戴绝缘保护用品。

3. 任务操作过程

检测动力电池包的步骤及实施方法如表1-3所示。

表1-3　任务实施的步骤及方法

步　骤	实　施　方　法
1. 穿戴绝缘手套，检查绝缘手套的密封情况，确保手套干燥、无损坏且大小合适	（1）将绝缘手套从袖口处向指尖方向卷起 （2）检查绝缘手套是否漏气

步　骤	实　施　方　法
2. 就台架测量动力电池单体电压	（1）万用表选择 20 V 直流电压挡位 （2）测量动力电池单体电压 数据显示为_____V,判断是否正常
3. 就台架测量动力电池模块电压 注:动力电池模块的额定电压＝电池单体额定电压×电池单体串联数	（1）万用表选择 200 V 直流电压挡位 （2）测量动力电池模块电压 数据显示为_____V,判断是否正常
4. 就台架测量动力电池包总电压 注:动力电池包的额定电压＝动力电池模块电压×动力电池模块串联数	（1）万用表选择 1 000 V 直流电压挡位 （2）测量动力电池模块电压 黑表笔连接动力电池负极电缆 红表笔连接动力电池正极电缆 数据显示为_____V,判断是否正常

 动力电池包总能量检测

 任务描述

一辆比亚迪秦纯电动汽车,客户反映最近该车充满电之后续航里程明显减少,怀疑动力电池容量严重衰减,要求更换动力电池包。初步检查是动力电池包容量衰减故障,请按规范检查动力电池包总能量。

 任务目标

(1)能说明动力电池包技术参数指标含义。
(2)能小组合作正确检测动力电池包能量,对是否需要更换动力电池包做出准确判断。

 知识链接

1.4.1 动力电池包技术参数指标

1. 能量与能量密度

标称能量:指在一定的放电条件下,动力电池在一定放电制度下所释放出的能量,代表其供电能力。

动力电池标称能量是其额定容量与额定电压的乘积,单位为 W·h 或 kW·h。

能量密度:单位质量或单位体积的电池所输出的能量,相应称为质量能量密度(W·h/kg)和体积能量密度(W·h/L),也称质量比能量和体积比能量。

比能量:指单位质量的电能储存装置所能输出的能量,单位为 W·h/kg、kW·h/kg。电池的比能量是综合性指标,反映了电池的质量水平,影响电动汽车的整车质量和续航里程,是评价电动汽车的动力电池是否满足预定续航里程的重要指标。

2. 功率与功率密度

功率:电池在一定放电制度下单位时间内所释放出的能量,单位为 W 或 kW。

功率密度:单位质量或单位体积的电池在单位时间内输出的能量,相应称为质量功率密度(W/kg)和体积功率量密度(W/L)。

比功率:指单位质量电能储存装置所具有的电能功率,单位为 W/kg、kW/kg。比功率越大,汽车的加速和爬坡性能越好,最高车速越高。

3. 其他参数

使用寿命:除了以循环次数表示电池的使用寿命外,通常还可以用电池的使用年限来表示电池的寿命。

自放电率:电池在存放时间内,且在没有负荷的条件下的自身放电。自放电率用单位时间内电池容量下降的百分数来表示。

放电深度:一般而言,电池循环是指电池充电后再放电的充放电过程。由于不同条件下电池放电量不一样,为了描述电池放电量的多少,引入放电深度(depth of discharge,DOD)概念。充满电的电池一次放完电,即为 100% DOD;放出一半的电量,则为 50% DOD。

4. 动力电池包总能量

动力电池系统总能量＝动力电池系统的额定电压×动力电池系统的额定容量。

1.4.2　动力电池总能量状态检测

1. 放电

对动力电池包进行放电操作时,需要将其电量消耗至剩余 5% 的状态。建议根据到 4S 店的距离合理规划电量,最后到店时剩余 15% 电量,再采取原地开空调或正温度系数 PTC 加热的方法温柔放电至 5%,然后熄火,让动力电池包静置 30 min。

2. 采集数据流

动力电池包静止 30 min 后,连接诊断仪进行检测,测得 SOC 为 5% 时 BMS 数据流。

数据主要包括动力电池包总电压、动力电池单体最高电压、动力电池单体最低电压、动力电池单体最高温度、动力电池单体最低温度、动力电池单体内阻等。

目的:BMS 记录动力电池最低电压序列号;通过电压差异判断动力电池电压是否均衡,如果不均衡,首先执行强制均衡;通过温度差异、内阻差异判断电池单体健康状态是否正常。

3. 记录充电量

将车辆充电至 100% 电量,记录显示的充电量,连接诊断仪进行检测,测得 SOC 为 5% 时 BMS 数据流。

数据主要包括动力电池包总电压、动力电池单体最高电压、动力电池单体最低电压、动力电池单体最高温度、动力电池单体最低温度、动力电池单体内阻等。

目的:通过电压差异判断动力电池电压是否均衡,如果不均衡,首先执行强制均衡;通过实际充电量判断动力电池包能量衰减量是否超过 20% 等。

4. 记录续航里程

在正常路况下行驶(关闭空调和 PTC),记录 5%～100% 的 EV 续航里程。

5. 索赔电池需要的材料

(1) 5% 和 100% 电量下静止 30 min 后的 BMS 数据流;

（2）5%～100%充入的电量；

（3）在正常路况不开空调和 PTC 的情况下，提供 5%～100% 的 EV 续航里程；

（4）电池包底部无剐蹭、磕碰。

能量补给站

　　比亚迪新能源汽车核心零部件的质保期限是 8 年或 15 万 km，动力电池电芯则是终身质保。比亚迪电池终身质保条件如下：电池组没有被人为拆卸过，动力电池总能量正常衰减超过 20%，可以免费申请更换。

任务实施

小组合作检测动力电池包总能量。

1. 任务准备

（1）安全防护装备：绝缘手套、安全警示标识等。

（2）车辆、台架：纯电动汽车整车、动力电池实训台架。

（3）专用工具：诊断仪、交流充电枪。

2. 安全注意事项

（1）确定车辆或实训台架处于安全状态。

（2）遵守新能源汽车操作安全提示。

（3）如果就车操作，如有必要请穿戴绝缘保护用品。

3. 任务操作过程

动力电池包总能量的检测步骤及实施方法如表 1-4 所示。

表 1-4　动力电池包总能量的检测步骤及实施方法

步　　骤	实 施 方 法
1. 将新能源汽车动力电池电量消耗至 5%	通过开启空调的方式放电
2. 电池静止 30min 后，连接诊断仪进行检测，测得 SOC 为 5% 时 BMS 数据流	记录数据： 单体电池最高电压为_____V 单体电池最低电压为_____V
3. 充电至 100% 电量，记录显示的充电量	记录数据：充电量为_____度
4. 电池静止 30min 后，连接诊断仪进行检测，测得 SOC 为 100% 时 BMS 数据流	记录数据： 单体电池最高电压为_____V 单体电池最低电压为_____V

任务 1.5　动力电池包更换

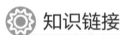 **任务描述**

　　一辆北汽 EV160 新能源汽车,客户反映最近该车充满电之后续航里程明显减少,怀疑动力电池容量严重衰减,要求更换动力电池包。经过检查确认是动力电池包故障,请按规范更换动力电池包。

任务目标

　　(1) 能对车辆进行正确诊断,根据读取的数据流做出正确结论。
　　(2) 能执行维修手册作业流程和要求,小组合作,实施更换动力电池。

知识链接

1.5.1　车辆诊断程序

　　(1) 维修技师将车辆开进维修车间,并从车间主管或服务顾问处接受任务,根据服务顾问开具的工单,首先做好相关安全防护准备。
　　(2) 检查蓄电池电压。标准电压值为 12～14 V,如果电压值低于 12 V,在进行下一步检查前请充电或更换蓄电池。
　　(3) 将车辆调至 ON 挡,进入电池管理器故障代码诊断环节。扫描二维码可获取"动力电池管理系统故障码"的资料。
　　(4) 根据诊断仪读取的故障码,数据流对其进行判断、分析、检测,最后确定故障原因。
　　(5) 若确定动力电池有问题需要维修,请在厂家的指导下更换电池。

动力电池管理系统
故障码

1.5.2　动力电池更换基本程序

　　(1) 将车辆关闭至 OFF 挡,断开 12 V 蓄电池负极,等待 5 min,让电机控制器电容放电。

（2）拆开中间储物盒盖板，佩戴绝缘手套，拔下维修开关（如果有维修开关）。维修开关如图 1-15 所示。

图 1-15　维　修　开　关

（3）用举升机将整车升起到合适的高度，使用专用的举升设备托住电池包。

（4）佩戴绝缘手套，拔下电池包的电池信息采样通信线接插件，再将直流母线接插件拔出，如图 1-16 所示。拆装高压接口时，注意锁止机构锁片的字母提示，锁片处于 OPEN位置才可拆装。之后再拔下冷却液管路接头，如图 1-17 所示。

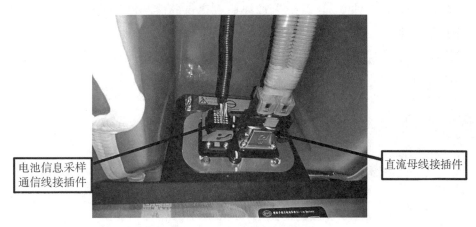

图 1-16　拔下直流母线接插件

（5）使用 18 mm 套筒卸掉托盘周边紧固件，卸下动力电池包。

（6）佩戴绝缘手套，用万用表测试更新的动力电池包母线是否有电压输出，确保没有电压输出才可以更换装车。

（7）佩戴绝缘手套，将新的动力电池包放到装电池包举升设备上，并拔出维修开关。

液冷管出水口
接头

液冷管进水口
接头

图1-17　拔下冷却液管路接头

（8）举升过程中，使用工具做导向，使电池包安装孔位对准。

（9）佩戴绝缘手套，安装托盘的紧固件，力矩为（125±5）N·m。

（10）佩戴绝缘手套，接动力电池包直流母线接插件，然后接电池信息采样通信线接插件，接上液冷管路对接接头。

（11）佩戴绝缘手套，插上维修开关，装好中间储物盒盖板。

（12）更换电池包时，根据电池包出货检验报告单上的数据标定电池容量和SOC，上电确认、车辆无故障返修完毕，入库要求车辆SOC≥30％，若SOC＜30％，则需进行充电。

（13）打开前舱，加电池冷却液（要求加注原厂提供的冷却液），同时使用VDS启动水泵，冷却液加注到最高位置。

（14）启动上电，车辆可以正常运行。车辆行驶5km后，检查电池冷却液是否下降，如果不下降，更换完毕；如果冷却液下降，则需要补充电池冷却液。

任务实施

小组合作，按照厂家更换动力电池包的基本程序更换动力电池包。

1. 任务准备

（1）安全防护装备：绝缘手套、安全警示标识等。

（2）车辆、台架：纯电动汽车整车。

（3）专用工具：诊断仪、数字式万用表、新能源汽车绝缘拆装工具。

2. 安全注意事项

（1）确定车辆或实训台架处于安全状态。

（2）遵守新能源汽车操作安全提示。

（3）穿戴绝缘保护用品。

3. 更换动力电池包的操作演练

1）车辆检查

车辆检查的具体步骤及实施方法如表1-5所示。

表1-5 车辆检查的步骤及实施方法

步　　骤	实　施　方　法
1. 确认驻车制动	
2. 启动车辆,确认车辆处于N挡状态	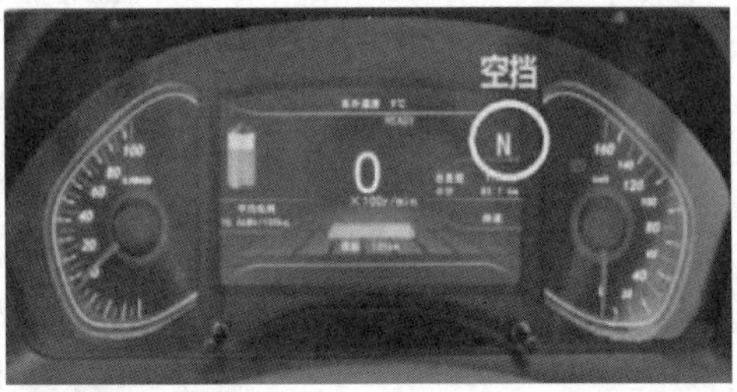
3. 检查仪表显示的故障	 记录仪表故障报警灯 _____报警灯　_____报警灯
4. 连接故障诊断仪,读取故障码	记录故障码:_____

2）高压电系统断电

高压电系统断电的具体步骤如表1-6所示。

表 1-6　高压电系统断电实施步骤

步　骤	实 施 方 法
1.断开 12V 蓄电池负极	
2.做好负极线的相关保护措施	
3.设置警告标志	
4.用举升机升起车辆,并检查动力电池底板	异常之处有:_____
5.检查低压控制线束插件外观	异常之处有:_____

（续表）

步　　骤	实施方法
6. 拆卸低压控制线束插件,检查低压控制线束动力电池端插件状况	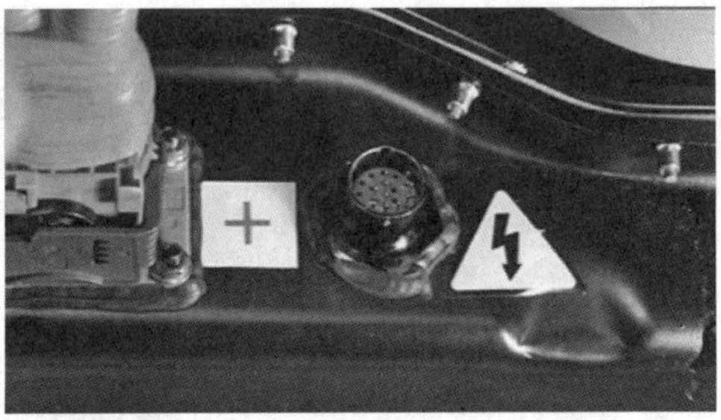 异常之处有：＿＿＿＿＿＿
7. 检查动力电池高压电缆插接件外观	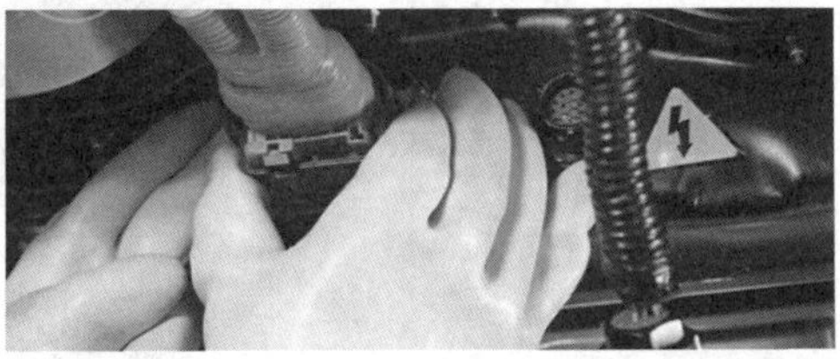 异常之处有：＿＿＿＿＿＿
8. 拆卸动力电池高压线缆动力电池端插件	 异常之处有：＿＿＿＿＿＿
9. 安装动力电池高压母线插接器锁具	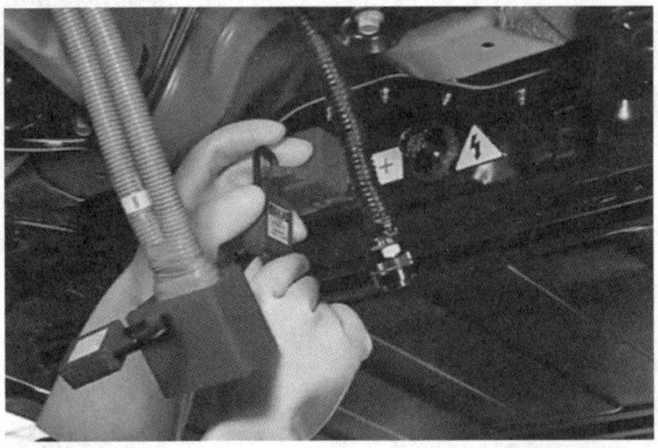

3）动力电池的拆卸

动力电池的拆卸步骤如表 1 - 7 所示。

表1-7　动力电池拆卸的步骤

步　骤	实　施　方　法
1.检查动力电池举升机胶垫安装是否可靠	
2.检查动力电池举升机升降/倾斜功能是否正常	
3.调整电池举升车,使之托住动力电池底部,并拆卸动力电池	
4.放下动力电池	
5.检查清洁动力电池	

（续表）

步　骤	实　施　方　法
	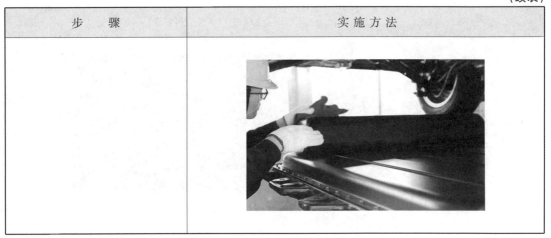

4）动力电池的安装

动力电池的安装步骤如表 1-8 所示。

表 1-8　动力电池的安装步骤

步　骤	实　施　方　法
1. 使用清洁剂清洁动力螺栓孔	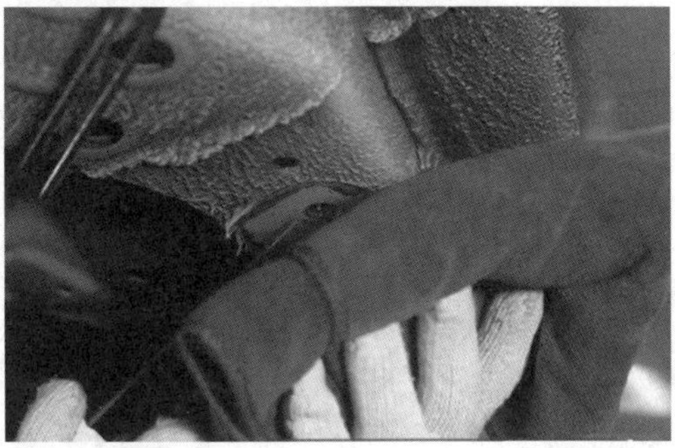
2. 按规定力矩扭紧固定壳螺栓	

（续表）

步　　骤	实　施　方　法
3.将新动力电池移至车辆下方,使动力电池两侧定位销置于车辆下方的定位孔中,安装动力电池	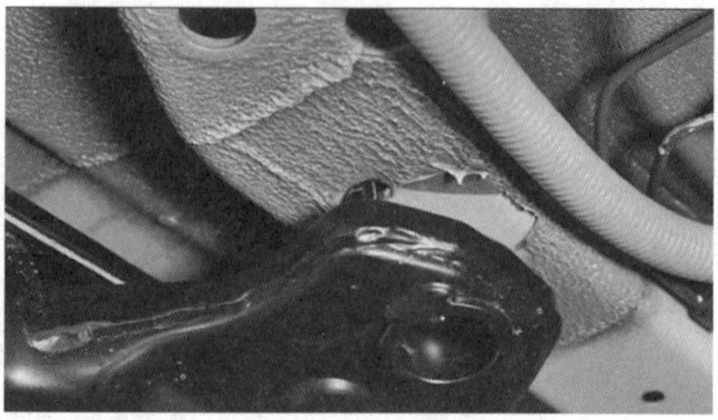
4.紧固螺栓	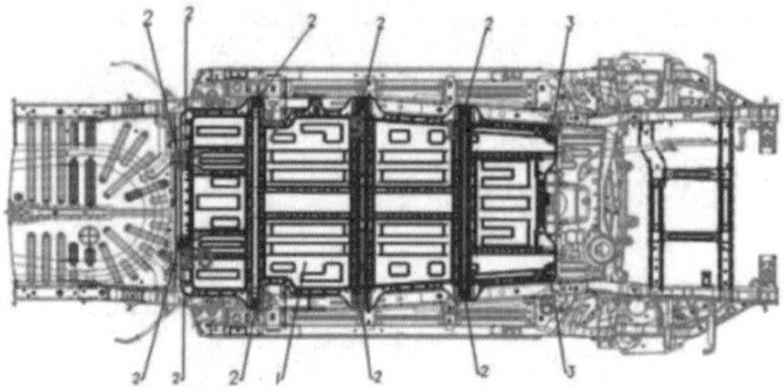 备注: 　装复时拧紧力矩:(95±5)N·m,顺序如图所示
5.安装动力电池高压线缆动力电池端插件	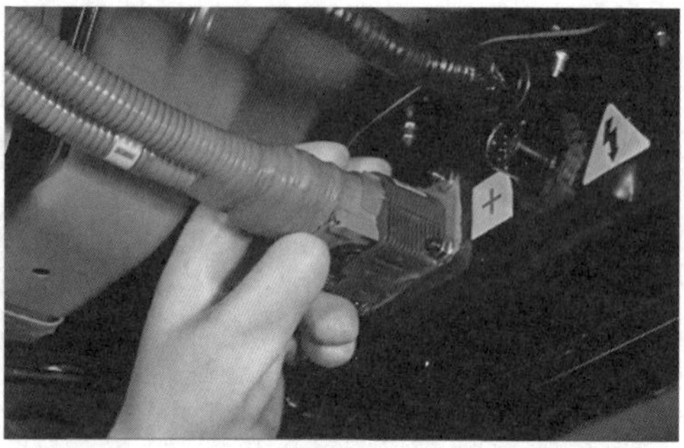
6.安装低压控制线束插件	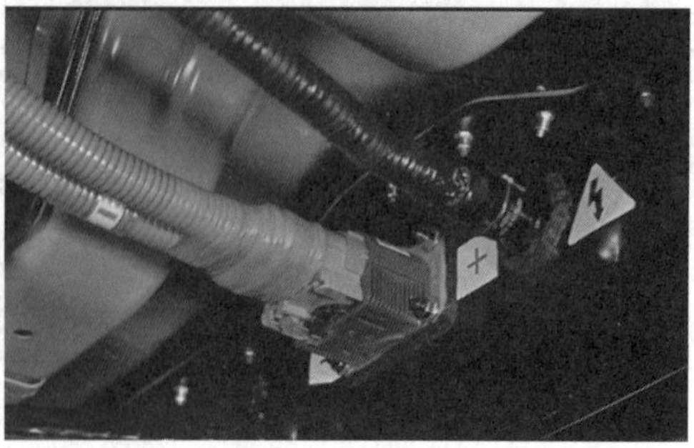

（续表）

步　骤	实 施 方 法
7.连接12V蓄电池负极	
8.启动车辆,仪表出现"READY"状态	

📍 项目测评

1. 在现行新能源汽车中,应用最多的是_____电池及_____电池。

2. 宁德时代的 NCM811 电池指的是三元锂电池的正极材料_____、_____、_____三种金属比例为 8∶1∶1 的电池。

3. 磷酸铁锂电池的正极为_____,负极为_____。

4. 对于三元锂电池,_____元素的主要作用是提高电池能量密度,_____元素的主要作用是提高电池充放电效率和循环寿命,_____元素的主要作用是提高电池安全性。

5. 三元锂电池额定电压为_____V,最高充电电压为_____V,最低放电电压为_____V。

6. 镍氢电池额定电压为_____V,最高充电电压为_____V,最低放电电压为_____V。

7. 磷酸铁锂电池额定电压为_____V,最高充电电压为_____V,最低放电电压为_____V。

8. 测量锂电池的内阻使用_____专用工具,且测量内阻通常为_____mΩ 以下。

9. 电池的剩余电量用_____表示。

10. 电池内部发生短路,主要原因有_____、_____。

11. 电池产生胀气的原因很多,主要是因为电池内部发生副反应产生气体,最为典型的是与_____发生副反应。

12. 电池发生自放电的主要原因是_____。

13. 动力电池包由_____、_____、_____三个层级构成。

14. 电池模块是将一个以上动力电池单体按照_____或_____方式组合,且只有一对正负极输出端子,并作为电源使用的组合体。

15. 动力电池模块的额定电压＝电池单体额定电压×_____,动力电池模块的额定容量＝电池单体容量×_____,动力电池总能量＝电池系统的额定电压×_____。

16. 电池模块组成方式标识为 xxxPxxxS,注意:字母 P 表示_____,字母 S 表示_____。

17. 更换动力电池包时,首先将车辆退电至 OFF 挡,断开 12 V 蓄电池负极,等待 5 min,目的是_____。

18. 安装动力电池托盘的紧固件,力矩一般为_____N·m。

19. 更换动力电池包时,入库要求车辆动力电池包 SOC≥_____%。

项目 2　动力电池不上高压电故障诊断与排除

⚡ 项目导入

项目名称	动力电池不上高压电故障诊断与排除				
姓名		班级		成绩	
组别		组长		场地	
日期		学时		指导教师	
项目描述	一辆北汽新能源汽车，已行驶 4 年，里程数为 70 000 km，该车出现无法行驶的故障，经初步检查发现仪表动力电池高压断开，报警灯常亮，车辆无法上高压电。 　　小明是北汽新能源汽车 4S 店的一名汽车维修工，今天接到班组长的派工单，要求在 2 个小时内完成动力电池包不上高压电故障检修。 　　请以小组合作的形式，通过阅读维修工单，明确任务要求，在规定工期内使用汽车诊断仪完成读取故障码、数据流，分析故障码、数据流，确定故障点，查阅维修手册，确定维修作业流程与技术标准，完成车辆维修等。填写维修工单，交付班组长进行质量检验，在工作过程中遵循现场工作管理规范。				
项目目标	(1) 能阅读并规范填写维修工单，就车确认汽车状况并记录相关信息，明确动力电池不上高压电维修作业的项目、内容和工期要求。 (2) 能参照维修手册和前期获取的相关知识，根据厂家规定制定动力电池不上高压电维修作业流程，并进行作业前的准备工作。 (3) 能按照动力电池不上高压电维修作业方案，以双人合作的方式，在规定时间内完成动力电池包绝缘性检测、通信电路检测、高压互锁电路检测、充放电继电器检测等，并填写检查维修记录。 (4) 能根据企业三级检验制度，按行业竣工检验标准，对检查维修作业质量进行自检、组检和终检，在维修工单上填写质检结果并签字确认后交付车辆。				

任务 2.1　BMS 通信电路故障检修

视频：检测 BMS 通信电路故障

任务描述

　　一辆北汽 EV160 新能源汽车，出现动力电池高压断开报警灯常亮故障，读取故障码显示"动力电池管理单元通信故障"，请按规范检查通信电路。

任务目标

　　(1) 能说明动力电池管理系统的功能及故障等级。
　　(2) 认识与动力电池相关的报警灯，并说明报警灯含义。
　　(3) 认识动力电池管理系统主要部件，并与小组合作检测动力电池管理单元电路。

知识链接

2.1.1　动力电池管理系统功能概述

　　新能源汽车动力输出依靠动力电池，而电池管理系统（battery management system, BMS）则是其中的核心，其主要功能有：负责动力电池的高低压管理、充放电管理、状态估算、均衡控制、温度管理和故障管理等，具体功能如表 2 - 1 所示。

表 2 - 1　动力电池管理系统功能

序号	功能	功能描述
1	电池组电压信息收集与控制	接收采集模块上传的所有单体电池电压数据，计算电池总电压，并选出电池组的最高单体电池电压及序号、最低单体电池电压及序号。在总压高限、低限执行相应报警，根据系统单体电池电压报警、切断设定参数和控制策略执行相应的报警和切断动作
2	电池组电流信息收集与控制	通过霍尔传感器采集电流信号，根据设定的霍尔传感器额定参数，计算电池组总电流。根据系统充电、放电报警、切断电流设定参数和控制策略执行相应的报警和切断动作，同时充、放电流为 SOC 预测提供计算依据

（续表）

序号	功能	功能描述
3	电池组的温度信息收集与控制	接收采集模块上传的电池温度,并选出箱体内电池温度检测点的最高温度及序号、最低温度及序号。根据系统温度设定参数进行热管理,温度低于设定值时执行加热动作;温度高于设定值时执行风扇吹风、空调通风等散热动作;当热管理失效时,根据系统温度设定参数和控制策略执行相应的报警、切断动作
4	荷电量（SOC）预测	通过单体电池电压、电池组电流数据计算预测整车电池的荷电量（SOC）,根据系统 SOC 过低设定参数执行相应的报警动作
5	数据存储	SOC 数据存储、异常参数存储、控制动作存储,接收来自显示屏或 PC 的设置信息并存储,设置参数（电池信息、模组信息、车辆信息、电池单体上下限、电池单体额定电压、电池串联单体数、风扇开启温度、风扇停止温度、加热开启温度、加热停止温度等）
6	通信接口	提供两路电气隔离 CAN 标准接口,1 个 CAN - A 接口,与采集模块提供内部物理连接完成内部数据交换,1 个 CAN - B 接口,与整车通信（需符合各厂家协议要求）,实时提供 BMS 状态信息,整车通过 BMS 状态信息依技术协议执行相应动作。可提供远程无线 GPRS 传输接口,将数据传输至远端数据中心
7	负载母线电压检测	在预充电时完成预充电压检测,以提供主继电器吸合条件,目前策略是预充电压达到总压 90% 执行主继电器吸合动作
8	充放电控制	纯电动汽车高压系统电路存在容性负载,在上电瞬间相当于短路,因此需要进行预充电管理,防止高压电路电瞬态电流冲击
9	动力电池加热	控制动力电池加热
10	故障报警	高/低压报警、高/低温报警、压差报警、温差报警、绝缘报警、过流报警、SOC 报警、通信报警、系统故障

2.1.2　动力电池管理系统故障等级设计

动力电池系统故障一般可分为采集类故障、子功能类故障、系统功能失效类故障、性能类故障和其他类故障。

采集类故障:单体电压采集故障、温度采集故障、总电压采集故障、电流采集故障、模组电压采集故障。

子功能类故障:绝缘检测电路故障、均衡电路故障。

系统功能失效类故障:充电故障、高压上下电故障、加热故障、通信故障。

性能类故障:温度过高故障、绝缘故障、内部短路故障、单体电压故障。

其他类故障:硬件 IO、EEPROM、铜排松动、总电压过压/欠压故障。

针对动力电池的不同表现情况,区分为不同的故障等级,并且在不同故障等级情况下,BMS 和整车控制器(VCU)都会采取不同的处理措施,如警告、限功率或直接切断高压。

1. 动力电池系统的一级故障定义(以北汽 EV160 为例)

动力电池系统的一级故障如表 2-2 所示。具体的故障有如下几点:

(1)最高点温度大于过温报警时(根据技术协议,一般为 65℃),进行减功率处理,管理系统延时 6 s(可设置 0~30 s)后若该报警不能解除,BMS 发送故障代码 1(一级报警),同时切断放电接触器,不自动恢复。

(2)电池绝缘故障报警时(根据技术协议,一般小于 100 Ω/V),进行减功率处理,管理系统延时 6 s(可设置 0~30 s)后若该报警不能解除,BMS 发送故障代码 2(一级报警),同时切断放电接触器,不自动恢复。同时请立刻停车疏散乘客。

(3)单体电池电压大于高压切断值时(根据技术协议,磷酸铁锂电池一般为 3.85 V),进行减功率处理,管理系统延时 6 s(可设置 0~30 s)后若该报警不能解除,BMS 发送故障代码 3(一级报警),同时切断放电接触器,不自动恢复。

(4)单体电压小于低压切断值时(根据技术协议,磷酸铁锂电池一般为 2.5 V),进行减功率处理,管理系统延时 6 s(可设置 0~30 s)后若该报警不能解除,BMS 发送故障代码 4(一级报警),同时切断放电接触器,不自动恢复。

(5)SOC 达到最低报警值时(根据技术协议,一般为 10%),进行减功率处理,管理系统延时 6 s(可设置 0~30 s)后若该报警不能解除,BMS 发送故障代码 10(一级报警),同时切断放电接触器,不自动恢复。

表 2-2　动力电池系统的一级故障特点

等级	故障名称	故障描述	故障措施	故障类型
一级故障	电池温度过高	最高点温度>65℃	功率减为 25% 滑行	非常严重故障
	电池绝缘故障	绝缘值<100 Ω/V		
	单体电压过高(且在充电)	单体最高电压>3 800 mV		
	单体电压过低(且在放电)	单体最低电压<2 500 mV		
	总电压过低	总电压<324 V(根据技术协议设定)		
	总电压过高	总电压>452 V(根据技术协议设定)		
	充电电流过大	充电电流>225 A(根据技术协议设定)		
	放电电流过大	放电电流>324 A(根据技术协议设定)		
	SOC 过低	SOC<10%		

备注:当系统正常运行时,不出现单体过压和欠压现象,作为电池的后备保护,当出现以下情况时,BMS 会保护电池。

2. 动力电池系统的二级故障定义(以北汽 EV160 为例)

动力电池系统的二级故障如表 2-3 所示。

表 2 - 3　动力电池系统的二级故障特点

等级	故障名称	故障描述	故障措施	故障类型
二级故障	电池温度过高	最高点温度＞63℃	功率减为50%滑行	较严重故障
	电池绝缘故障	绝缘值＜500 Ω/V		
	单体电压过高（且在充电）	单体最高电压＞3 700 mV		
	单体电压过低（且在放电）	单体最低电压＜2 800 mV		
	总电压过低	总电压＜336 V（根据技术协议设定）		
	总电压过高	总电压＞438 V（根据技术协议设定）		
	充电电流过大	充电电流＞180 A（根据技术协议设定）		
	放电电流过大	放电电流＞320 A（根据技术协议设定）		
	SOC 过低	SOC＜20%		

3. 电池组系统的三级故障定义

电池组系统的三级故障定义如表 2 - 4 所示。

表 2 - 4　电池组系统的三级故障的特点

等级	故障名称	故障描述	故障措施	故障类型
三级故障	电池温度过高	最高点温度＞60℃	功率减为75%滑行	一般故障
	电池绝缘故障	绝缘值＜1 000 Ω/V		
	单体电压过高（且在充电）	单体最高电压＞3 650 mV		
	单体电压过低（且在放电）	单体最低电压＜3 000 mV		
	总电压过低	总电压＜348 V（根据技术协议设定）		
	总电压过高	总电压＞426 V（根据技术协议设定）		
	充电电流过大	充电电流＞150 A（根据技术协议设定）		
	放电电流过大	放电电流＞300 A（根据技术协议设定）		
	SOC 过低	SOC＜30%		

2.1.3　动力电池管理系统常见报警及异常处理

1. 与动力电池有关的指示灯和报警灯

与动力电池有关的指示灯和报警灯代表的具体含义如表 2 - 5 所示。

表 2-5　指示灯与报警灯的具体含义

名　称	说　明
充电线连接指示灯	此灯点亮表示充电线连接,信号来源是 VCU 给出的硬线信号,低电位有效
动力电池高压断开报警灯	此灯点亮表示车辆已经切断高压电,高压系统没有工作,车辆无法行驶。原因是高压系统发生了严重故障,信号来自 VCU 的 CAN 信号
动力电池绝缘报警灯	此灯内部有一个闪电符号,表示动力电池高压漏电,高压危险。此时可能造成汽车火灾的发生,直接影响汽车驾乘人员的生命安全,信号来自 VCU 的 CAN 信号
动力电池内部故障报警灯	此灯点亮表示动力电池包内部存在故障,比如电池包内部单体故障、电池包内部线路接触不良。大部分情况下整车高压断开,车辆无法行驶,信号来自 VCU 的 CAN(控制器局域网络)信号
12 V 蓄电池充电指示灯	对于传统汽车来讲,该灯点亮表示发电机不发电。但是对于新能源汽车来说,表示 12 V 辅助蓄电池亏电,原因可能是 DC-DC 转换器损坏了,信号来自 VCU 的 CAN 信号
充电提醒灯	它和传统汽车的燃油过低报警灯作用相同,不过对于新能源汽车来讲,此灯点亮不是让驾驶员去加油,它表示车辆动力电池电量不足,提醒驾驶员充电,信号来自 VCU 的 CAN 信号
动力系统报警灯	此灯点亮时表示车辆的动力系统发生故障,仪表通常会显示"请检查动力系统!"

2. 与动力电池有关的故障现象

与动力电池有关的故障现象如表 2-6 所示。

表 2-6　与动力电池有关的故障现象

序号	故障描述	常规解决办法
1	SOC 异常：无显示，数值明显不符合逻辑	（1）停车或者关闭车钥匙后重新启动 （2）检查仪表显示，其他故障报警有无点亮，并做好现象记录 （3）联系专业售后人员进行复查，维修人员确认无误后正常使用
2	续航里程低于正常值	联系维护人员，检查充放电过程，判断容量是否衰减，BMS 控制是否正常
3	电池过热报警/保护	（1）10s 内减速，停车观察 （2）检查报警是否消除，检查是否有其他故障，并做好记录 （3）若报警或保护消除，可以继续驾驶，否则联系售后人员 （4）运行中若连续 3 次以上出现停车，联系售后人员
4	SOC 过低报警/保护	（1）SOC 低于 30% 报警出现时减速行驶，寻找最近的充电站进行充电 （2）停车休息 3~5 min 后行驶，检查故障是否能自动消除 （3）若故障不能自行解除，联系售后人员解决
5	电压/电流明显异常	（1）关闭车钥匙，迅速下车并保持适当距离 （2）联系专业技术人员处理
6	钥匙处于 ON/START 后不工作	（1）检查并维护低压电源 （2）若处于 ON 后能工作，检查仪表盘上故障显示，并做好记录 （3）若处于 START 后仍不能工作，联系专业人员
7	不能充电	（1）检查 SOC 当前数值 （2）检查充电线缆是否按照正确方法连接 （3）若环境温度超出使用范围，终止使用 （4）联系维修人员
8	运行时高压短时间丢失	检查系统屏蔽层是否有效，检查继电器是否能正常运作，检查主回路是否接触良好
9	电池外箱磨损破坏	联系专业人员维护

2.1.4　动力电池管理系统的通信功能

1. 动力电池管理系统电源电路

主控单元工作电源电路主要由两部分组成，分别是常电和唤醒信号，如图 2-1 所示。

ON 挡唤醒信号来自整车控制器，打开点火开关，首先唤醒整车控制器，然后整车控制器再发出唤醒信号给 BMS 主控单元，其工作电路如图 2-2 所示。

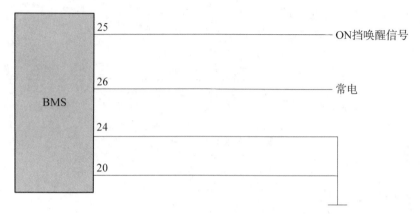

图 2-1　主控单元工作电源电路

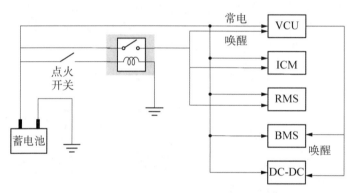

图 2-2　主控单元唤醒电路

2. 动力电池管理单元通信电路

1）通信电路

动力电池管理系统（BMS）被唤醒之后，分别给从控单元和高压控制单元提供 12 V 工作电源，然后三者通过内部通信电路进行数据通信，动力电池管理单元（BMS）同时通过外部通信电路与 VCU 通信。

2）CAN 总线工作原理

高速 CAN 总线发射器电路如图 2-3 所示。连接在总线上所有节点都没有向外发送数据时，两条数据总线处于无源状态，上面作用相同的预先设定值，该值为隐性电平，大约为 2.5 V。

当有一个节点向外发送数据时，总线处于显性状态，CAN-High 线上的电压值会升高一个预定值（至少为 1 V），CAN-Low 线上的电压值会降低一个同样的值（至少为 1 V）。

CAN-High 线处于有源状态，其电压不低于 3.5 V，CAN-Low 线上的电压值最多可降至 1.5 V。在显性状态时，CAN-High 与 CAN-Low 线上的电压差值最低为 2 V，如图 2-4 所示。在高速 CAN 中，只要有一条总线线路发生断路、短路，整个总线失效，所有节点都将无法进行通信。

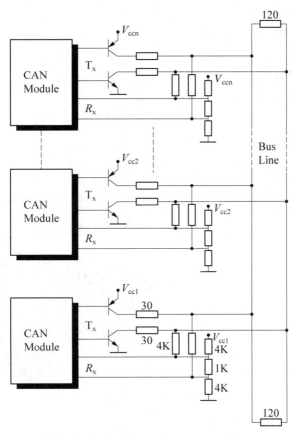

图 2-3　高速 CAN 总线发射器电路

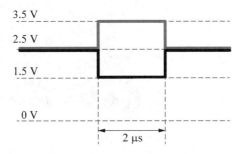

图 2-4　高速 CAN 总线发送信号

任务实施

小组合作检测车辆的主控单元(BMS)的通信电路。

1. 任务准备

(1) 安全防护装备:绝缘手套、安全警示标识等。

（2）车辆、台架：纯电动汽车整车、动力电池实训台架。

（3）专用工具：诊断仪。

2. 安全注意事项

（1）确定车辆或实训台架处于安全状态。

（2）遵守新能源汽车操作安全提示。

（3）如果就车操作，如有必要请穿戴绝缘保护用品。

3. 任务实施过程

检测主控单元（BMS）通信电路的具体操作如表 2-7 所示。

表 2-7　检测主控单元 BMS 通信电路的步骤及实施方法

步　骤	实 施 方 法
1. 认识动力电池管理单元	作用：_____
2. 认识从控单元	作用：_____
3. 断开动力电池管理单元低压线束	

（续表）

步　　骤	实 施 方 法
4. 检测动力电池管理单元（BMS）常电供电电压	打开点火开关,测量低压线束插头 B 端子电压:＿＿＿＿＿＿＿ V
5. 检测动力电池管理单元（BMS）唤醒信号电压	（1）打开点火开关,测量低压线束插头 C 端子电压:＿＿＿＿＿＿ V 注意:此电压来自整车控制器

步　骤	实　施　方　法
	（2）如果无电，测量低压线束插头 C 端子至整车 VCU81♯脚的导通性 C 脚与 VCU81♯脚电阻_____Ω 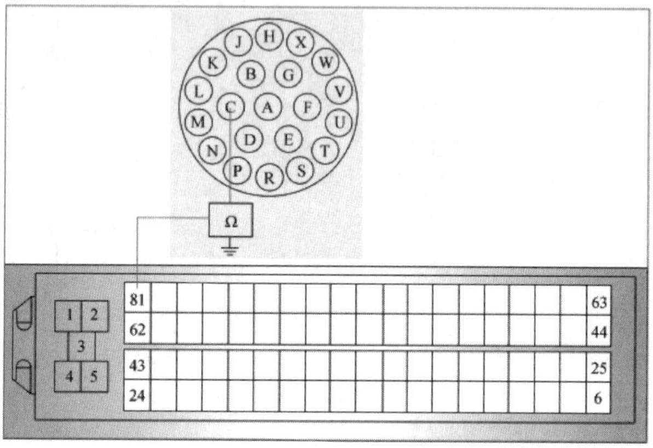
6. 检测动力电池管理单元（BMS）通信信号线电压	打开点火开关，测量低压线束插头 P/R 端子 P 脚电压_____V R 脚电压_____V 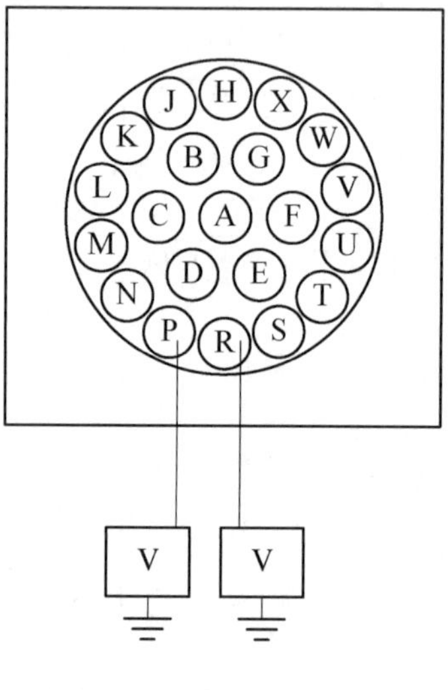

（续表）

步　骤	实　施　方　法
7. 检测动力电池管理单元 BMS 通信信号线路导通性	测量低压线束插头 P/R 端子至 VCU 的导通性 P 脚与 VCU111♯脚电阻＿＿＿＿＿Ω R 脚与 VCU104♯脚电阻＿＿＿＿＿Ω

任务 2.2　动力电池不均衡故障检修

 任务描述

一辆北汽 EV160 新能源汽车,其仪表上的动力电池高压断开报警灯持续亮起,读取故障码显示"单体电压过低故障"。初步检查是由于电池单体电压不均衡引起的,请按规范对电池进行均衡处理。

 任务目标

(1)能说明动力电池不均衡会对新能源汽车造成什么影响,并找出引起动力电池不均衡的原因。

(2)能解释新能源汽车动力电池均衡原理,并通过小组合作排除动力电池单体不均衡故障。

 知识链接

2.2.1　动力电池均衡管理

新能源汽车的电池不均衡会严重影响电池组的快速充电和 SOC 估算,因此动力电池的均衡控制是 BMS 最核心、最关键的技术。由于动力电池单体的不一致性,根据木桶短板效应,放电时性能最差的电池单体先达到截止条件,但其他电池单体还有一部分电量并未释放出来,从而造成电池浪费。未加主动均衡的电池组充电如图 2-5 所示,未加主动均衡的电池组放电如图 2-6 所示。

动力电池的均衡控制功能是为了消除电池在使用过程中产生的不一致性。加主动均衡的电池组充电如图 2-7 所示,加主动均衡的电池组放电如图 2-8 所示。

1. 被动均衡管理

动力电池均衡技术是指电池在成组后,通过人为干预使电池组内的所有电池综合性能趋于一致,其目的是确保电池组性能充分发挥,并保证电池在使用过程中的安全性。

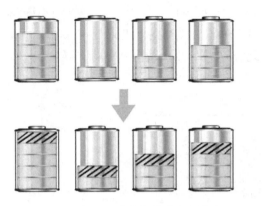

图 2-5 　 未加主动均衡的电池组充电

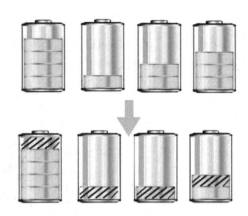

图 2-6 　 未加主动均衡的电池组放电

图 2-7 　 加主动均衡的电池组充电

图 2-8 　 加主动均衡的电池组放电

当压差大于 $50\,\mathrm{mV}$ 时,启动均衡程序。根据均衡过程中电路对能量的消耗情况,均衡可分为被动均衡型(能量耗散型)和主动均衡型(能量非耗散型)两大类。

被动均衡是通过给电池组中每节电池单体并联一个电阻进行放电分流,从而实现均衡。这种电路结构简单,只将容量高的电池单体进行能量消耗,但是存在能量浪费和进行热管理等问题,可能会存在安全隐患甚至加速电池老化。因此能量耗散型均衡通常适用于小型电池组、均衡电流要求不高的情况。

被动均衡一般分为定分流电阻均衡电路与开关控制分流电阻均衡电路两种。

(1)定分流电阻均衡电路指的是每节电池单体都始终并联一个分流电阻,考虑电池的自放电及功耗,分流电阻取值一般为电池内阻的数十倍。该电路的优点是可靠性高,缺点在于无论电池处于充电还是放电过程,分流电阻始终消耗功率,因此一般在能量充足、可靠性要求高的场合应用。

(2)开关控制分流电阻均衡电路是指在充电过程中,当电池单体电压达到终止电压时,分流电阻通过开关控制启动均衡程序。每节电池单体建立一个自身独有的小回路,平时电池组正常工作的时候,这些小回路均处于断于状态。BMS 如果检测到某节电池单体的电压不正常时,就可以单独闭合该电池单体的小回路,让这节电池单体的电压在其小回路里运行,直到这节电池单体的电压达到均衡为止,如图 2-9 所示。

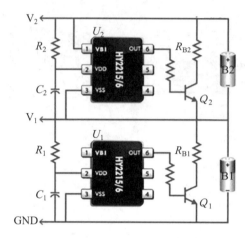

图 2-9 被动均衡控制

在均衡电路板中,均衡电阻为贴片电阻,如图 2-10 所示。

图 2-10 均衡电路板

1) 3 位数的贴片电阻

贴片电阻由 3 个数字组成,表明电阻的误差为 ±5%,如图 2-11 所示。前两位是有效数字,第 3 位数字表示 10 的倍率,单位为 Ω。例如,贴片电阻 103,10 是有效数字;3 表示 10 的 3 次方,贴片电阻 103 的阻值就是 $10\ \Omega \times 1\ 000 = 10\ 000\ \Omega = 10\ \text{k}\Omega$。

图 2-11　3 位数的贴片电阻

2）4 位数的贴片电阻

贴片电阻由 4 个数字组成，表明电阻的误差为 ±1%。前面 3 位是有效数字，第 4 位数表示 10 的倍率，单位为 Ω。例如，贴片电阻 1502，其中 150 是有效数字；2 表示 10 的 2 次方（见图 2-12）。贴片电阻 1502 的阻值就是 $150\,\Omega \times 100 = 15\,000\,\Omega = 15\,k\Omega$。

图 2-12　4 位数的贴片电阻

3）数字和字母的贴片电阻

贴片电阻由数字和字母组成，如图 2-13 所示。这里只需要把 R 换成小数点即可，例如贴片电阻 5R60，其阻值就是 5.60 Ω。

图 2-13　数字和字母的贴片电阻

2. 被动均衡控制电路

LTC6803 动力电池的被动均衡控制电路可以测量多达 12 个串联电池，每个单元输入都有一个相关的 MOSFET 开关，用于对过充电的电池单体进行放电，如图 2-14 所示。

LTC6803 芯片主要引脚功能如下：

（1）V_{REF}：参考引脚电压，标准电压为 3 V。

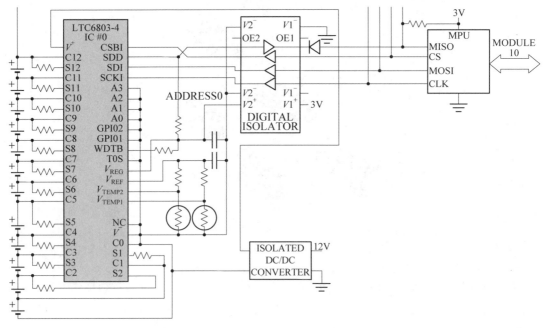

图 2-14　动力电池被动均衡控制电路

（2）V_{REG}：调节器引脚电压，标准电压为 5 V。

（3）V^+：正电源，位于电池组中最高的电位。

（4）C1～C12 是监测电池电压的输入。

（5）C0：底部电池的负极端子。

（6）S12、S11、S10、S9、S8、S7、S6、S5、S4、S3、S2、S1 表示：如果串联中的某节电池单体过充电，则可以使用 S 输出对该电池单体进行放电。每个 S 输出内部都连接一个 N 沟道 MOSFET 用于放电，外部电阻应与 N 沟道 MOSFET 串联，在 LTC6803 封装之外散热。

（7）V^-：将 V^- 连接到电池组中最低的电位。

（8）V_{TEMP1}、V_{TEMP2}：温度传感器输入。

（9）V_{REF}：3.065 V 电压参考输出。

（10）V_{REG}：线性电压调节器输出。

3. 主动均衡控制电路

主动均衡型（能量非耗散型）电路通常使用储能元件转移能量，使电池组电压保持一致。电路的能耗比能量耗散型要小，均衡电流大且效率较高，但电路结构相对复杂。此类均衡技术可分为能量转换式均衡和能量转移式均衡两种。

能量转换式均衡是通过开关信号，由电池组整体向电池单体进行补充，或者由电池单体向电池组通过同轴线圈进行能量转换。

能量转移式均衡是利用电感或电容等储能元件，把电池组中容量高的电池单体中的能量转移到容量较低的电池上,如图 2-15 所示。

　　一组电容器在串联电池组相邻电池之间传递电荷,其工作过程是:所有开关同时动作,在上下触点之间轮流接通,通过这种简单的动作,电荷在两相邻电池单体之间转移,最终电荷由高压单元传递到低压单元,经过开关的反复切换即可实现均衡。所有的单刀双掷开关可以使用 MOSFET 装置实现,开关频率可以达到上百 kHz,所需平衡电容容量要求较小。

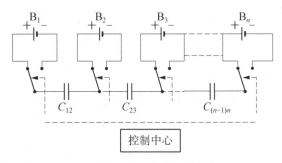

图 2-15　主动均衡控制电路

2.2.2　动力电池电压采集

1. 从控单元电压采集

　　为了实现动力电池均衡管理,必须准确检测每节电池单体的电压。从控单元主要负责对动力电池模块中的单体进行电压检测、温度检测、均衡管理以及相应的诊断工作,如图 2-16 所示。

图 2-16　从 控 单 元

2. 电池单体电压采集原理

　　从动力电池模块内部每节电池单体的正负极分别引出一条线到从控单元,在从控单元进行电池单体电压检测。

　　电池单体通过串联的方式依次叠加,采样芯片 AFE 的采样通道也按照次第的顺序往上叠加,然后通过 RC 滤波电路来实现电池单体电压采样,如图 2-17 所示。

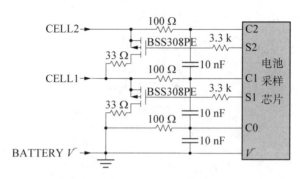

图 2-17　电池单体电压采样电路

3. 电池电压采样电阻

在电池电压采样电路中,r 代表电芯的内阻和电芯铜排连接电阻之和;R_c 代表连接器的接触电阻与外部采样线束的电阻之和;R_m 代表采样通道串联电阻;R_i 代表电池采样芯片内部的等效电阻,它的大小直接影响采样精度,如图 2-18 所示。

r、R_c 一般是 mΩ 级别,R_m 是 100 Ω～10 kΩ,R_i 是 MΩ 级别。R_c 是采样线电阻与连接器的接触电阻之和,如果出现连接不良,此时电阻可能会非常大。当 R_c 可以和 R_i 比拟时,就会对电芯进行分压,进而造成电压采样结果出现偏差。

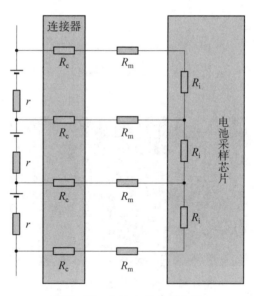

图 2-18　电池电压采样电阻

能量补给站

　　宁德时代电芯模组的特斯拉 MODEL3,电池包有 4 个信号采集板,采样输入采用 RC 滤波,电容为差模形式,布置在相邻的电压采样引脚;均衡采用内部均衡,在相邻均衡引脚布置差模电容,如图 2-19 所示。

采样输入电阻为 $100\,\Omega$,采样电容采用两个串联;均衡电阻采用两个 $24\,\Omega$ 电阻串联,均衡电容采用两个串联,如图 2 - 20 所示。

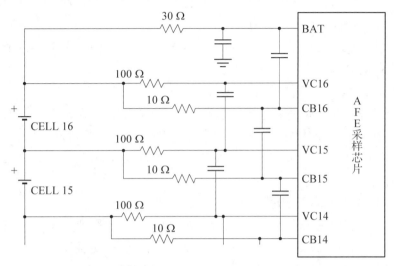

图 2 - 19 特斯拉 MODEL3 电池电压采样电路

图 2 - 20 特斯拉 MODEL3 电池电压采用电路板

2.2.3 动力电池不均衡故障检修

1. 动力电池不均衡对车辆的影响

电池压差分为静态压差和动态压差。电池制造商会对电池的静态压差进行测试,电池包在充放电测试完毕,静置一段时间后,测量得到电池包单体的最高电压与最低电压,两者的差值即为压差。若这个差值高于规定的压差要求,则判定为压差大故障。

1)续航里程缩短

如果压差小于报警阈值,并不会影响车辆启动行驶,只会降低其续航里程。这是因为动力电池包内部电池单体采用"并联+串联"模式,遵循木桶短板效应,只要任意一个单体放电至最低阈值电压,那么整个动力电池包将停止放电。

2)急加速过程中,车辆突然自行断高压

若压差临界于报警阈值,车辆在急加速过程中会导致压差瞬间增大至报警阈值,车辆将自动切断高压输出,待 BMS 监测到压差恢复到报警阈值以下,故障将自动清除。

3)充电时间缩短,甚至无法充电

充电时单体电压会迅速增至满电截止电压,充电时间大大缩短,甚至可能出现充电跳枪、无法充电的情况。

2. 动力电池不均衡的形成原因

动力电池形成压差主要因素包括电芯生产工艺、电芯生产批次、BMS 均衡策略、硬件故障、电气连接以及用户的使用习惯等。例如电池铜排紧固螺母松动;动力电池在充放电过程中,电池单体温度不同引起的内阻不同;驾驶习惯影响,如经常猛踩油门或刹车、动力电池经常大电流放电或充电。

3. 车辆动力电池的均衡管理

因为动力电池包内绝大多数是某节电池单体电压过低,需要对另外大量的电池单体进行放电,系统会在电量较低(低于 15%)和较高(充满电)标记需要放电的电池以及放电的时间。建议需每 2 周一次将动力电池电量用到 15% 或更低,使 BMS 正确标记低电量电池,以达到更好的均衡效果。

充电时使用慢充充电,充满电以后,全车断电自动转入均衡,仪表仅显示充电连接指示灯。等均衡结束后,充电连接指示灯熄灭。

4. 车辆动力电池均衡时间

均衡是一个漫长过程,因为均衡时放电电流很小,一般只有 30~100 mA。每台车电池电压的一致性会有所差异,其均衡时间不同。如果电池电压一致性差异小,均衡可能需要5~10 h,有的 BMS 可能强制均衡 10 h。

5. 车辆动力电池不均衡常见故障及处理方法

(1)电池电压高:满电静置后,某节电池单体电压明显偏高,其他单体正常。

故障原因:采集误差;从控单元均衡功能差或失效;电池单体容量低,充电时电压上升较快。

处理方法:单体电压显示值较其余单体偏高,与测量单体实际电压值进行对比,若实际值较显示值低,且与其他单体电压相同,则以实际值为标准对从控单元单体电压进行校准;若测量值与显示值相符,则人工对电池单体进行放电均衡。检查电压采样线是否断裂、虚接;更换从控单元。

(2)电池电压低:满电静置后,某节电池单体电压明显偏低,其他单体正常。

故障原因:采集误差;从控单元均衡功能差或失效;电池单体自放电率大;电池单体容量低,放电时电压下降较快。

处理方法:单体电压显示值较其余单体偏低,与测量单体实际电压值进行对比,若实际值较显示值高,且与其他单体电压相同,则以实际值为标准对从控单元单体电压进行校准;若测量值与显示值相符,则人工对电池单体进行充电均衡。检查电压采样线是否断裂、虚接;更换从控单元;对故障电池包进行更换。

（3）压差:动态压差/静态压差。充电时电池单体电压迅速增至满电终止充电电压;踩油门时,电池单体电压比其他串下降迅速;踩刹车时,电池单体电压比其他串上升迅速。

故障原因:连接电池铜排紧固螺母松动;连接面有污物;电池单体自放电率大;电池单体焊接连接铜排开焊（造成该单体容量低）;个别电池单体漏液。

处理方法:对螺母进行紧固;清除连接面异物;对电池单体进行充/放电均衡;对问题电池包进行更换。

（4）电压跳变:车辆运行或充电时,单体电压跳变。

故障原因:电压采集线连接点松动;从控单元故障。

处理方法:对连接点进行紧固;更换从控单元。

6. 从控单元低压电路检修

1）从控单元电源电路

打开点火开关或动力电池充电时,主控单元首先通过 25 号端子得到整车控制 VCU 的唤醒信号,然后主控单元通过 10 和 20 号端子输出 12 V 电源给电池从控单元,从控单元得到工作电源开始工作。当得到主控单元发出均衡控制信号时从控单元执行均衡控制,如图 2-21 所示。

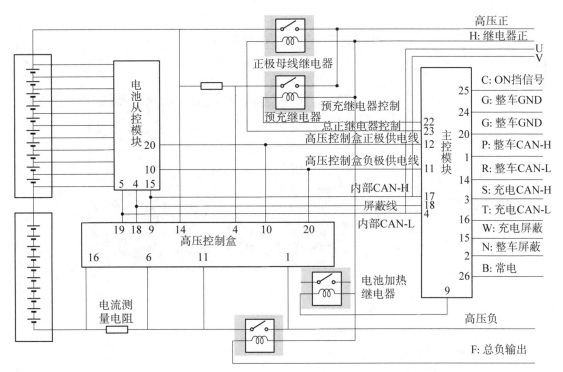

图 2-21　北汽 EV160 从控单元电路

2）从控单元通信电路

从控单元提供电气隔离 CAN 总线接口，将采集的电池数据和从控单元的实时工作状态通过 CAN 总线发送给主控模块，完成与主机间的信息交换。

任务实施

小组合作检测电池单体电压不均衡故障。

1. 任务准备

（1）安全防护装备：绝缘手套、安全警示标识等。

（2）车辆、台架：北汽 EV160 新能源整车、动力电池实训台架。

（3）专用工具：诊断仪、电池均衡仪、数字式万用表。

2. 安全注意事项

（1）确定车辆或实训台架处于安全状态。

（2）遵守新能源汽车操作安全提示。

（3）如果就车操作，如有必要请穿戴绝缘保护用品。

3. 任务操作过程

北汽 EV160 实训台架检测电池单体电压不均衡故障的具体步骤和实施方法如表 2-8 所示。

表 2-8　电池单体电压不均衡故障检测的步骤及实施方法

步　骤	实 施 方 法
1. 使用诊断仪读取动力电池系统数据	（图） 电池单体最低电压：＿＿＿＿＿＿ V 电池单体最高电压：＿＿＿＿＿＿ V
2. 检测动力电池单体电压	电池单体最低电压：＿＿＿＿＿＿ V 电池单体最高电压：＿＿＿＿＿＿ V

（续表）

步　骤	实 施 方 法
3. 检查从控单元	（1）检查从控单元信息采集线束连接件是否松动 检查情况_____
	（2）检查从控单元低压电源线路是否正常 从控单元工作电源电压为_____V
	（3）检查从控单元数据传输线路是否正常 测量 CAN‐H 电压：_____V 测量 CAN‐L 电压：_____V
4. 使用电池均衡仪对电池单体进行均衡	如果有坏的单体：换电池单体‐充满电‐均衡‐充满电 如果没有坏的单体：充满电‐均衡‐充满电 （1）充满电 设定充电电压为_____V
	（2）连接电池均衡仪与单体电池

（续表）

步　骤	实　施　方　法
	（3）开启均衡功能，完成均衡 选择电池为＿＿＿＿＿＿V 均衡电压为＿＿＿＿＿＿V

任务 2.3　动力电池充放电继电器故障检修

视频:检修动力电池
充放电继电器故障

任务描述

现有一辆北汽 EV160 新能源汽车,其仪表上的动力电池高压断开报警灯持续亮起,读取故障码显示"预充继电器断路故障",请按规范检修充放电继电器。

任务目标

(1) 能说明新能源汽车充放电继电器的工作过程。

(2) 能小组合作,执行维修手册安全操作标准,排除动力电池预充继电器断路故障。

知识链接

2.3.1　动力电池充放电继电器的工作过程

1. 动力电池充放电继电器

北汽 EV160 动力电池充放电继电器主要包含主正继电器、主负继电器、预充继电器、预充电阻,如图 2-22 所示。

提示:目前新能源汽车高压直流继电器应用最多的是真空型和充气型继电器,高压直流继电器需具备耐高压、耐负载、抗冲击、灭弧能力强和分断能力强的基本功能。真空是理想的绝缘体,由于高压电弧产生于绝缘介质的电离,而真空本身没有介质,所以在触点间有很好的隔离。完全的真空状态只是理想状态,实际会残留一些杂氧,杂氧在有电弧情况下和铜电极生成氧化铜,导致接触电阻增大,继电器有失效风险。目前主要是应用充气型继电器,充气型继电器主要的灭弧解决方案为氢气和氮气。充纯氢气,加偏转磁铁辅助灭弧,相比抽真空及充氮气灭弧效果要好,这是因为氢气的绝缘性能好,难以电离。

2. 预充继电器控制

BMS 控制整车上电时,首先控制负极母线继电器、预充继电器闭合,正极母线继电器断开。接通瞬间,动力电池高压电经预充电阻、预充继电器、负极母线继电器构成回路,先用小电流给电机控制器电容充电,保证回路安全,如图 2-23 所示。

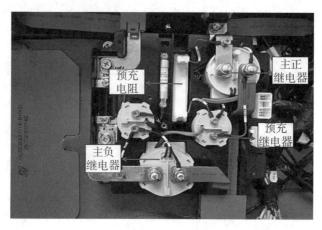

图 2-22 动力电池充放电继电器

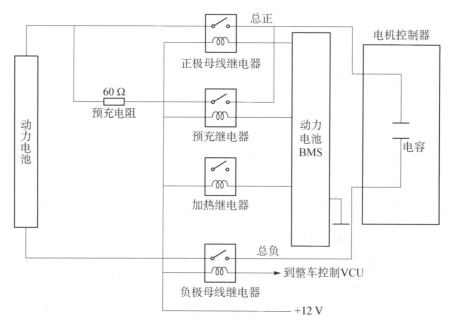

图 2-23 预充、预放电路

能量补给站

为什么要进行预充电？

因电机控制器中含有电容，如图 2-24 所示。若没有预充电回路，正极母线继电器、负极母线继电器直接闭合与电容相连接，电池组为高压，电容两端电压接近 0，相当于瞬间短路。负载电阻仅仅是导线及继电器触点电阻，正极母线继电器、负极母线继电器、电容很容易损坏。

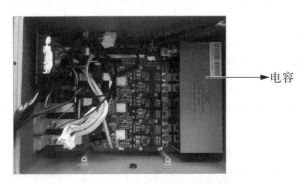

图 2-24　电机控制器内部电容

3. 正极母线继电器控制

当电机控制器的电容充电达到目标要求后（电容两端电压达到母线电压的 90%），此时电容两端已存在较高电压（接近动力电池电压），继电器两端压差较低，并且没有大电流冲击，BMS 控制预充继电器断开，正极母线继电器工作，完成高压接入。

2.3.2　动力电池充放电继电器控制电路

纯电动汽车的上电过程分为低压上电和高压上电。当驾驶员转动点火钥匙至 ON 位置时，VCU、BMS、MCU（电机控制器）等关键零部件通常会进行低压上电；当点火钥匙处于 ON 挡时，BMS、MCU 当前状态正常，且不满足整车充电条件，开始执行高压上电过程。上电注意事项：挡位处于 P/N 挡时，踩刹车上电。

1. 初始化

VCU 上电后的准备阶段包括 VCU 的基本配置和自检。在 VCU 自检完成后，将进入下一个过程。

2. 唤醒 BMS

BMS 通过 VCU 控制唤醒，唤醒 BMS 后，通常会等待与 BMS 进行通信并建立连接，BMS 通信连接后，BMS 通信无故障并且电池允许上电，则进入下一个判断过程；若 BMS 上报故障，则终止上电过程，整车状态进入 BMS 故障模式。

3. 唤醒 MCU

MCU 由 VCU 直接发出命令，随后 MCU 等待与 CAN 建立通信连接。在 CAN 通信正常连接后，接收 MCU 上报的故障状态，若 MCU 允许上电，则完成高压电上电前的准备过程，进入高压电上电控制。

4. 上高压

VCU 发送高压上电命令，BMS 执行预充继电器指令，完成电量总正和总负的控制。VCU 通过 CAN 信息实时监控电池状态，当高压电状态为连接、电池单体电压差在允许范围内,且电池允许放电三个条件同时满足后,新能源汽车进入高压电准备完毕状态。

5. 北汽 EV160 充放电继电器控制电路

北汽 EV160 新能源动力电池充放电继电器控制电路如图 2-21 所示,其低压线束端子如图 2-25 所示,端子含义如下:

A:未使用;B:BMS 供电正极;C:Wake Up(连接 VCU);D:未使用;E:未使用;F:负极继电器控制;G:BMS 供电负极;H:继电器供电正极;J:继电器供电负极;K:未使用;L:HVIL 信号;M:未使用;N:新能源 CAN 屏蔽;P:新能源 CAN-H;R:新能源 CAN-L(连接 VCU);S:充电 CAN-H;T:充电 CAN-L;U:动力电池 CAN-H;V:动力电池 CAN-L;W:动力电池 CAN 屏蔽;X:未使用。

图 2-25　北汽新能源动力电池低压线束端子

 任务实施

小组合作检测预充继电器断路的故障。

1. 任务准备

(1) 安全防护装备:绝缘手套、安全警示标识等。

(2) 车辆、台架:北汽 EV160 新能源整车、动力电池实训台架。

(3) 专用工具:诊断仪、数字式万用表。

2. 安全注意事项

(1) 确定车辆或实训台架处于安全状态。

(2) 遵守新能源汽车操作安全提示。

(3) 如果就车操作,如有必要请穿戴绝缘保护用品。

3. 任务实施过程

预充继电器断路故障的检测步骤及实施方法如表 2-9 所示。

表 2-9　预充继电器断路故障的检测步骤及实施方法

步　骤	实　施　方　法
1. 检测预充电阻	 预充电阻阻值：_____Ω
2. 检测预充继电器线圈供电正极电压	（1）断开动力电池包低压线束插头 （2）测量低压线束插头 H 端子电压：_____V

（续表）

步　骤	实 施 方 法
3. 检测动力电池管理单元 BMS 常电供电电压	打开点火开关,测量低压线束插头 B 端子电压:_____ V
4. 检测 BMS 唤醒信号电压	（1）打开点火开关,测量低压线束插头 C 端子电压:_____ V 注意:此电压来自整车 VCU
	（2）如果无电,测量低压线束插头 C 端子至整车 VCU 81♯脚的导通性

（续表）

步　骤	实 施 方 法
5. 检测预充继电器控制线至 BMS 导通性	电阻：_____Ω
6. 检测主负继电器控制线（低压线束插头 F 端子）至 VCU 导通性	导通电阻：_____Ω

任务 2.4　动力电池充放电电流传感器故障检修

视频：检修动力电
池充放电电流传感
器故障

任务描述

现有一辆北汽 EV160 新能源汽车，其仪表上的动力电池高压断开报警灯持续亮起，读取故障码显示"总电流检测电路故障"。初步检查是动力电池充放电的电流传感器故障，请按规范进行检修。

任务目标

（1）能说明动力电池剩余电量估算方法。
（2）能解释动力电池充放电电流传感器的工作原理。
（3）能小组合作，排除动力电池充放电电流传感器故障。

知识链接

2.4.1　动力电池 SOC 估算

1. SOC 估算的重要性

SOC 用来描述电池剩余电量，是电池使用过程中最重要参数之一。SOC 估算是判断电池过充和过放电的基础，精确估算可以最大限度避免电池组过充放电问题，使电池组可以更加可靠地运行。通过监测电压、电流等参数，估算当前电池组的荷电状态，即电池剩余电量，保证 SOC 维持在合理的范围内，属于 BMS 核心控制算法。

2. SOC 估算面临的挑战

电池组一致性问题是电池组使用期间最常见的问题，也是最难以解决的技术难题。对于电动汽车而言，非常影响车辆的实际充放电电量和汽车的续航里程，情况严重的还会发生热失控故障以至引发车辆自燃。动力电池 SOC 估算准确度往往建立在电池组一致性良好的情况下，电池组一致性问题的存在将彻底扰乱 SOC 估算的准确性。由于一致性问题的存在，最低容量与平均容量存在较大的差异，一致性问题越严重，这个差异越大，最终将导致可用 SOC 与平均 SOC 出现较大的不匹配情况，这将直接影响电池组的实际续航时间。

3. SOC 估算方法

动力电池组的实时 SOC 是一个变量，不能通过传感器件直接测量得到，在工作时会受到外部环境多方面因素的影响，如温度、放电电流、放电倍率、内阻、自放电率、衰减程度等。

SOC 估算需要用到电流、电池单体电压、电池单体内阻等参数，最终转换成实际 SOC 值。在一致性问题的影响下，不管 SOC 估算策略如何，受限于 BMS 在均衡管理功能上的短板，SOC 估算值只能无限接近于组内最小容量电池的 SOC，因此，会低于平均 SOC 值。

SOC 估算主要通过安时积分法和扩展卡尔曼滤波算法，并结合修正策略（如开路电压修正、充满电修正、充电末端修正、不同温度及 SOH 下的容量修正等）。安时积分法在保证电流采集精度条件下比较可靠，但由于存在误差累计必须结合修正策略。卡尔曼滤波算法精度较强，但算法比较复杂，实现难度大。

2.4.2　动力电池充放电电流传感器工作原理

动力电池充放电电流传感器用来监测充放电电流的大小，动力电池管理单元 BMS 接收充电量或放电量的安培数，根据累计的安培数和动力电池电压，计算动力电池的 SOC，对动力控制系统进行优化控制，从而使动力电池的 SOC 始终处于规定范围内。

1. 无感分流器类型的电流传感器

无感分流器类型的电流传感器可用来测量直流电流的大小，它实际上就是一个阻值很小的高精密电阻，其电阻为毫欧级且电阻不随温度变化而变化，通常采用锰铜合金。它是利用当直流电流通过电阻时在电阻两端产生电压的原理制成，在电阻的两端形成毫伏级的电压信号，用来监测总电流，如图 2-26 所示。

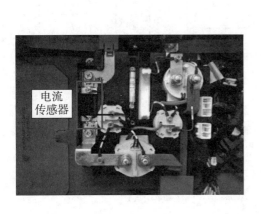

图 2-26　无感分流器类型的电流传感器

2. 霍尔式电流传感器

霍尔式电流传感器如图 2-27 所示。它基于磁平衡式霍尔原理及闭环原理,当原边电流产生的磁通通过高品质磁芯集中在磁路中时,霍尔元件固定在气隙中检测磁通,输出反向补偿电流,用于抵消原边产生的磁通,使得磁路中的磁通始终保持为零。经过特殊电路的处理,传感器的输出端能够输出反映原边电流变化的精确信号,该信号经过主机处理可得到量化的电流值。

图 2-27 霍尔式电流传感器

2.4.3 充放电电流传感器电路

1. 北汽 EV160 电流传感器电路

高压控制单元通过监控 16 号和 6 号端子电压即可判断电流传感器工作是否正常,如图 2-28 所示。

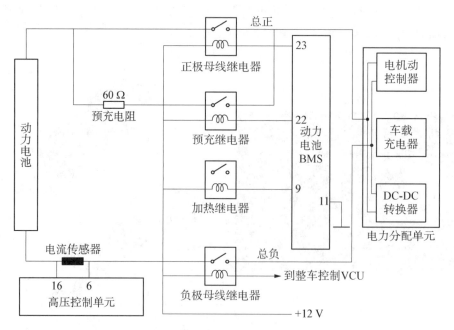

图 2-28 电流传感器监控电路

2. 比亚迪 E5 电流传感器电路

比亚迪 E5 电流传感器为霍尔式,安装在动力电池正极母线上,如图 2-29 所示。电流传感器信号发送给 BMS,如图 2-30 所示。

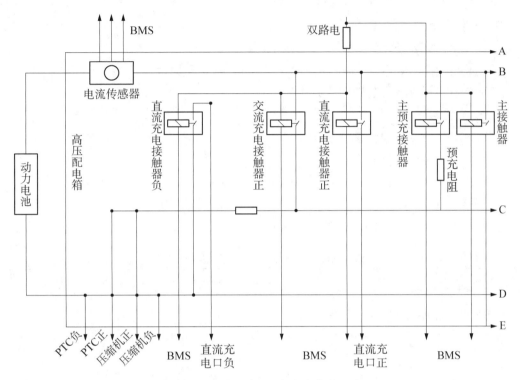

图 2-29　比亚迪 E5 电流传感器位置

高压电控总成		BMS
32-主接触器拉低控制	BMC01-09	
29-主预充接触器拉低控制	BMC01-17	
18-电流霍尔信号	BMC01-26	
16-电流霍尔+15 V电源	BMC01-27	
17-电流霍尔-15 V电源	BMC01-29	
30/31-直流充电正负接触器拉低控制	BMC01-33	
33-交流充电接触器拉低控制	BMC01-34	
24-主接触器、预充接触器电源（双路电）		

图 2-30　比亚迪 E5 车型电流传感器电路

任务实施

小组合作检测充放电电流传感器。

1. 任务准备

（1）安全防护装备：绝缘手套、安全警示标识等。

（2）车辆、台架：北汽 EV160 新能源整车、动力电池实训台架。

（3）专用工具：诊断仪、数字式万用表。

2. 安全注意事项

（1）确定车辆或实训台架处于安全状态。

（2）遵守新能源汽车操作安全提示。

（3）如果就车操作，如有必要请穿戴绝缘保护用品。

3. 任务实施过程

充放电电流传感器的检测步骤及实施方法如表 2-10 所示。

表 2-10　充放电电流传感器的检测步骤及实施方法

步　骤	实　施　方　法
1. 使用诊断仪读取动力电池系统充放电数据流	（1）启动车辆，挂挡杆选择 D 挡
	（2）使用诊断仪读取动力电池系统充放电数据流 充放电电流：_____A
2. 检查电流传感器	（1）对于无感分流器类型的电流传感器，电阻为_____Ω （2）对于霍尔式电流传感器，工作电源电压为_____V，信号电压为_____V

（续表）

步　骤	实 施 方 法
3. 检查电流传感器至 BMS 线路的导通性	（1）此处安全注意事项如下： a. 断开辅助蓄电池负极 b. 等待 5～10 min c. 检测动力电池正负极电缆电压为 0 V 时开始操作
	（2）导通性测量 导通电阻：_____Ω

任务 2.5　动力电池包绝缘性故障检修

任务描述

现有一辆比亚迪 E5 新能源汽车,其仪表上的动力电池高压断开报警灯持续亮起,读取故障码显示"动力电池包严重漏电故障"。初步检查是动力电池存在漏电,请按规范进行检修。

任务目标

(1) 能说明高压线路绝缘性能的监控过程。
(2) 能小组合作,查阅维修手册,正确使用兆欧表排除动力电池绝缘故障。

知识链接

2.5.1　漏电传感器工作原理

1. 电桥法漏电检测

电桥法的工作原理是 BMS 通过检测高压正与高压负之间的分压变化来计算正极、车身与负极、车身的绝缘阻值,如图 2-31 所示。电桥法的正负极电阻计算方法如下:

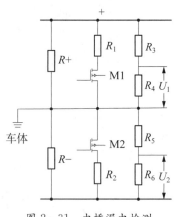

图 2-31　电桥漏电检测

(1) 断开 M1、M2,BMS 测得高压正负极对车体的电压分别为 U_1、U_2。

(2) 当 $U_1 < U_2$ 时,闭合 M1,断开 M2,BMS 测得高压正负极对车体的电压分别为 U_1'、U_2'。BMS 根据 U_1、U_2、U_1'、U_2' 及正负极桥臂的分压电阻计算出 $R+$、$R-$ 的绝缘电阻值。

(3) 当 $U_1 > U_2$ 时,断开 M1,闭合 M2,BMS 测得高压正负极对车体的电压分别为 U_1''、U_2'',BMS 根据 U_1、U_2、U_1''、U_2'' 及正负极桥臂的分压电阻计算出 $R+$、$R-$ 的绝缘电阻值。

2. 交流源漏电检测

通过检测高压直流动力电源母线与其外壳、车身底盘之间的绝缘阻抗,以及与动力电池输出相连接的负极母线与车身底盘之间的绝缘电阻来判断动力电池包的漏电程度。当动力电池包漏电时,传感器给电池管理控制器发出一个信号,电池管理控制器接到漏电信号后,进行相关保护操作并报警,防止动力电池包的高压电外泄。

泄漏检测电路有一个交流源,它会使少量的交流电流入高压电路(正极和负极),绝缘电阻越小,检测电阻器的电压越低,交流波越低。根据交流波的波幅,检测绝缘电阻值,如图 2-32 所示。

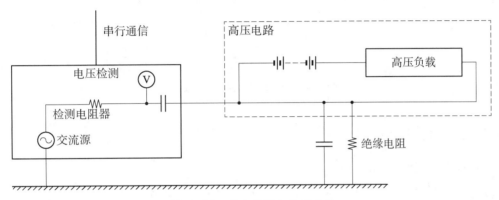

图 2-32　交流源漏电检测系统

3. 比亚迪 E5 漏电传感器

1) 安装位置

比亚迪 E5 漏电传感器集成到高压电控总成内部,布置在前舱,如图 2-33 所示。

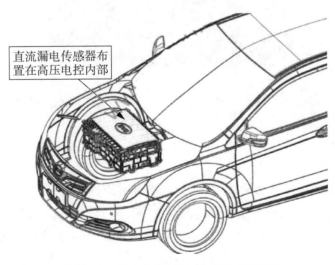

图 2-33　比亚迪 E5 漏电传感器安装位置

2）电路

比亚迪 E5 漏电传感器电路如图 2-34 所示。

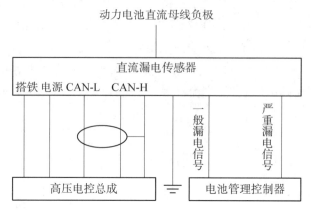

图 2-34　比亚迪 E5 漏电传感器电路

2.5.2　动力电池绝缘性检测

1. 数字式兆欧表的使用

数字式兆欧表有 3 个插孔,分别是 L、E、G 插孔,外观如图 2-35 所示。

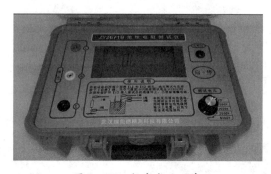

图 2-35　数字式兆欧表

1）电池检查及更换

仪表在接通电源工作时,显示屏若显示欠压符号,表示电池电量不足,应更换新的电池。

2）测试

将仪表 E 端连接被测试品的接地端,L 端连接被测试品的线路端。将选择开关调整到所需要的额定电压的位置,显示屏首位显示"0"或"1",表示工作电源接通。按一下高压开关按钮,高压指示灯点亮,显示屏上显示的数值就是被测试品的绝缘电阻值。当被测试品的绝缘电阻值超过仪表量程的上限值时,显示屏首位显示"0"或"1"。

注意:测量时,由于被测试品有吸收过程,绝缘值读数逐渐向大数值漂移或有一些上下跳动,这些都属于正常现象。

3）G 端（保护环）的使用

测量高绝缘电阻值时，应在被测试品两测量端之间的表面套上导体保护环，并将该导体保护环用测试线连接到仪表的 G 端，以消除被测试品表面泄漏电流引起的测量误差，确保测试准确。

4）关机

读数完毕，先按高压开关关断高压，高压指示灯熄灭，再将旋钮拧至 OFF 挡关闭电源。对电容性被测试品还应将被测试品上的剩余电荷放完，再拆下测试线，以免电击伤人。

2. 动力电池包绝缘性检测

1）故障原因分析

引起动力电池包绝缘故障的原因可能有动力电池包内部进水、单体电池漏液、动力电池包内部冷却管破裂。

2）维修步骤

（1）确认绝缘故障的车辆请勿清除故障码。

（2）排查绝缘故障，请先断开高压电。

（3）断开所有高压用电设备，使用兆欧表挨个测量高压部件的绝缘电阻。

2.5.3 动力电池包气密性检测

1. 高压部件防护

高压部件的防护主要包括防水、机械防护及高压警告标识等，如动力电池包、电动机及其控制系统、电动空调系统、DC/DC 电压转换器、车载充电机等及它们中间的连接接口，都需要达到一定的防水和防护等级。

高压连接器防护等级设计要求满足 IP67，保证防尘和涉水安全。IP 指防护安全级别，IP 后的第一个数字为固态防护等级，第二个数字为液态防护等级，如表 2-11 所示。

表 2-11 防护等级标准

第一位数字	固态防护范围	第二位数字	液态防护范围
0	无防护	0	无防护
1	防止直径大于 50 mm 的固体外物侵入	1	防止水滴侵入
2	防止直径大于 12.5 mm 的固体外物侵入	2	倾斜 15°时，仍可防止水滴侵入
3	防止直径大于 2.5 mm 的固体外物侵入	3	防止喷洒的水侵入
4	防止直径大于 1.0 mm 的固体外物侵入	4	防止飞溅的水侵入
5	防止外物及灰尘侵入	5	防止喷射的水侵入
6	防止外物及灰尘侵入	6	防止大浪侵入
		7	防止浸水时水的侵入
		8	防止沉没时水的侵入

2. 气密性检测仪使用

1）连接气密性检测设备的气源口及注气口

将气密性检测设备的气源口与空气压缩机连接，注意气源口需要连接干燥器；将气密性检测设备的注气口连接动力电池包的防爆阀工装，如图 2-36 所示。

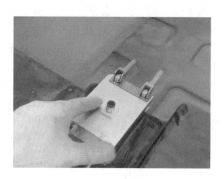

图 2-36　气密性检测设备气源连接

2）气密性检测设备充气压力参数设置

不同品牌规格的动力电池包的充气压力设置数据不同，需要根据厂家规定数据进行设置。气密性检测设备参数设置的界面如图 2-37 所示。

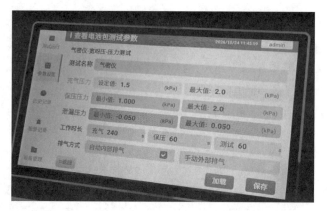

图 2-37　气密性检测设备参数设置界面

将气密性检测仪标准充气压力设置为 1.5 kPa，气密性检测仪最大充气压力比标准充气压力大 0.2 kPa，可以设置为 2.0 kPa。

3）气密性检测仪保压压力参数设置

将气密性检测仪保压压力最小设置为 1.0 kPa，最大设置为 2.0 kPa。

4）气密性检测仪泄露压力参数设置

将气密性检测仪泄露最小压力设置为 0.05 kPa，泄露最大压力设置为 0.05 kPa。

5）工作时长设置

将气密性检测仪充气时长设置为 240 s，保压时长设置为 60 s，测试时长设置为 60 s。

6）启动设备

点击启动设备，设备自动运行，运行结束后，仪器显示 ok 表示正常，如图 2-38 所示。

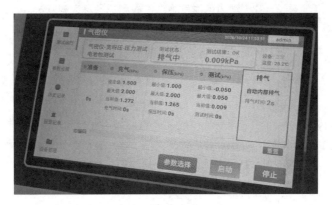

图 2-38　气密性检测设备测量数据显示

能量补给站

水的压强计算公式 $p=\rho g h$，水压与水的多少无关，只与水的深度和密度有关系，水越深，水压越大。

压强公式中的 p 为压强；ρ 为液体密度，水的密度为 1.0×10^3 kg/m³；g 为重力加速度，取 10.0 N/kg；h 是取压点到液面高度，单位为 m。

假如动力电池包被水淹没超过 20 cm，动力电池包所承受的压强 $p=\rho g h=1.0\times10^3$ kg/m³×10.0 N/kg×0.2 m=2.0 kPa。所以气密性检测仪最大充气压力设置为 2.0 kPa，其实检测的是动力电池包被水淹没 20 cm 时的气密性。

任务实施

小组合作检测动力电池包绝缘性。

1. 任务准备

（1）安全防护装备：绝缘手套、安全警示标识等。

（2）车辆、台架：比亚迪 E5 整车、动力电池实训台架。

（3）专用工具：兆欧表。

2. 安全注意事项

（1）确定车辆或实训台架处于安全状态。

（2）遵守新能源汽车操作安全提示。

（3）如果就车操作，如有必要请穿戴绝缘保护用品。

3. 任务实施过程

整车漏电的检测步骤及实施方法如表 2 - 12 所示。

表 2 - 12　动力电池包绝缘性检测步骤及实施方法

步　骤	实 施 方 法
1. 检查蓄电池电压及整车低压线束供电是否正常	标准电压值：12～14 V 如果电压值低于 12 V,请充电或更换蓄电池或检查整车低压线束。
2. 打开点火开关,进入电池管理器故障代码诊断	故障码显示：_____
3. 检查漏电传感器	(1) 拔下漏电传感器低压接插件,使用万用表测量 K56 - 04 和 K56 - 05 引脚对地电压是否为 ±9～±16 V 检查情况_____
	(2) 测试电池管理器 K64 - 19 和 K64 - 10 是否为 ±9～±16 V 检查情况_____
4. 检测动力电池包绝缘性	(1) 拔下维修开关 (2) 兆欧表选择 500 V 电压挡位 (3) 测量动力电池包正极母线与车身绝缘电阻为_____Ω (4) 测量动力电池包负极母线与车身绝缘电阻为_____Ω

任务 2.6　高压互锁电路故障检修

任务描述

一辆北汽 EV160 新能源汽车，其仪表上的动力电池高压断开报警灯持续亮起，读取故障码显示"高低压互锁故障"。初步检查是高压互锁电路断路故障，请按规范进行检修。

任务目标

(1) 能说明新能源汽车高压互锁工作过程。

(2) 能小组合作，查阅维修手册，排除高压互锁电路故障。

知识链接

2.6.1　高压互锁工作原理

1. 高压互锁回路设计

高压回路互锁功能设计是针对高压电路连接的可靠程度提出的。危险电压闭锁回路也称为高压互锁回路（HVIL），它是一个典型的互锁系统，通过使用低压电气信号，来检查整个模块、导线及连接器的电气完整性，如图 2-39 所示。

HVIL 控制器输出 5 V 或 12 V 电压，沿着互锁线形成的环路流经高压车载电气系统内每一个可拆卸和可打开的元件，只要断开

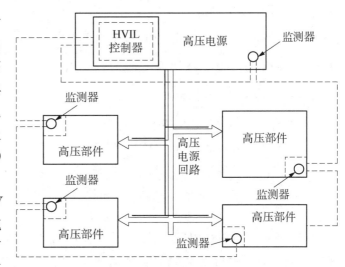

图 2-39　高压互锁设计

高压电插头,互锁环路就会被断开。

2. 高压互锁作用

高压连接器上的互锁线就是一个触点,如图2-40所示。它通过低压回路来监测高压元件、导线和连接器的电气完整性或连通性,识别回路的异常断开,以及时断开高压输入端的控制器。

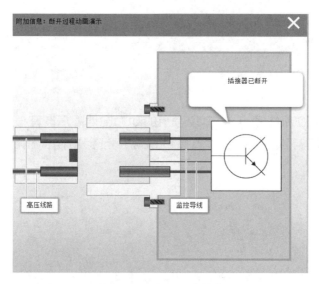

图2-40　高压互锁触点

在断开高压连接器时,高压互锁线早于高压触点断开,及时将高压线路中的高压电放掉。当HVIL发生故障的时候,要确保高压系统以合适的方式进行安全断电,在故障排除之前高压系统不能上电,同时触发相应的DTC。

高压模块从高压电路断开时,要注意高压电路中的电容性负载以及高压电缆带电的情况,防止操作人员触电。车辆正常工作时,防止由于人为操作不当、车辆振动、产品老化、线路磨损带来的局部发热和拉弧而造成触电等安全隐患。

2.6.2　高压互锁要求

1. 高压互锁连接器要求

(1)高压连接器需要集成互锁功能。

(2)高压连接器断开时,HVIL首先断开;接合时,后接通HVIL。

(3)高压连接器接合后的接触电阻满足《汽车电线束插接件技术条件》。

(4)互锁线束在布置时,应该从高压零部件的低压接口引出,并且要与高压线束分开。

(5)连接器的一般以压接、插拔形式居多,角度一般是90°或180°,通常是在线束端或加插件端内置互锁短接片或针脚,如图2-41所示。

图 2 - 41　高压互锁连接器

2. 高压互锁信号源要求

（1）HVIL 信号源电压为 5 V 或 12 V。

（2）HVIL 线束不允许出现分支压接点。

3. 充电互锁检测及故障处理

出于安全考虑，充电时整个驱动系统都需要处于断电状态，即驱动系统高压接触器需处于断开状态。当高压安全管理系统接收到有效的充电信息指令后，高压管理系统首先检测驱动系统相关接触器是否处于断开状态，若处于断开状态则闭合充电回路相关接触器，否则充电接触器将不会闭合，高压管理系统则发出声光报警以提示相关人员，直至故障排除。

 任务实施

小组合作检测高低压互锁故障。

1. 任务准备

（1）安全防护装备：绝缘手套、安全警示标识等。

（2）车辆、台架：北汽 EV160 新能源整车、动力电池实训台架。

（3）专用工具：数字式万用表。

2. 安全注意事项

（1）确定车辆或实训台架处于安全状态。

（2）遵守新能源汽车操作安全提示。

（3）如果就车操作，如有必要请穿戴绝缘保护用品。

3. 任务实施过程

高低压互锁故障的检测操作及实施方法如表 2 - 13 所示。

表 2-13　高低压互锁故障的检测步骤及实施方法

步　骤	实　施　方　法
1. 检查全车高压线束连接是否松动	检查情况_____
2. 检测电动压缩机高压互锁信号	断开电动压缩机高压线束,测量高压互锁信号是否有 12 V 电压,如果无电,进入第 3 步;如果有电,检查高压互锁监控触点是否正常,若正常,恢复高压线束连接进入第 4 步。 检查情况_____
3. 测量 VCU 高压互锁信号是否有 12 V 电压输出	VCU 高压互锁信号电压:_____V
4. 检测车载充电机高压互锁信号	断开车载充电机高压线束,测量高压互锁信号是否有 12 V 电压,如果无电,检查电动压缩机至车载充电机高压互锁电路是否断路或对地短路;如果有电,检查高压互锁监控触点是否正常,如果正常,恢复高压线束连接进入下一步。 检查情况_____
5. 检测电机控制器高压互锁信号	断开电机控制器高压线束,测量高压互锁信号是否有 12 V 电压,如果无电,检查高压控制盒高压互锁电路是否断路或对地短路;如果有电,检查高压互锁监控触点是否正常,如果正常,恢复高压线束连接进入下一步。 检查情况_____
6. 检测动力电池高压互锁信号	断开动力电池高压线束,测量高压互锁信号是否有 12 V 电压,如果无电,检查高压控制盒至动力电池高压互锁电路是否断路或对地短路;如果有电,检查高压互锁监控触点是否正常,如果正常,恢复高压线束连接进入下一步。 检查情况_____
7. 检测 DC-DC 转换器高压互锁信号	断开 DC-DC 转换器高压线束,测量高压互锁信号是否有 12 V 电压,如果无电,检查高压控制盒至 DC-DC 转换器高压互锁电路是否断路或对地短路;如果有电,检查高压互锁监控触点是否正常,如果正常,恢复高压线束连接进入下一步。 检查情况_____

步骤2的图示部分：

PTC本体　DC\DC　车载充电机　动力电池　R=0　Ω　盒盖开关　低压插件　压缩机　BMS　MSD　高压插件　高压控制盒　快充高压插件　VCU　-12　互锁识别　电机控制器　控制电路　UVW高压插件　CAN

（续表）

步　骤	实　施　方　法
8. 检测 PTC 本体高压互锁	断开 PTC 本体高压线束,测量高压互锁信号是否有 12 V 电压,如果无电,检查 DC-DC 转换器至 PTC 本体高压互锁电路是否断路或对地短路;如果有电,检查高压互锁监控触点是否正常,如果正常,恢复高压线束连接进入下一步。 检查情况_____

📍 项目测评

1. 北汽新能源动力电池包管理包括 3 个单元,分别是_____、_____、_____,其中_____负责对动力电池模块中的单体进行电压检测、温度检测、均衡管理以及相应的诊断工作,_____负责对动力电池包的高压继电器、母线总压、绝缘电阻等状态进行监测,_____负责 SOC 估计、均衡管理和热管理。

2. 从拓扑架构上看 BMS 根据不同项目需求分为了_____和_____两类。

3. 标识部件名称:

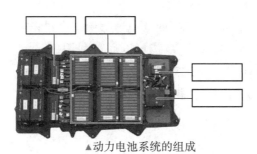

▲动力电池系统的组成

4. 认识动力电池故障报警灯

_____

_____

_____

_____

5. 新能源汽车动力电池组的_____技术、_____技术和_____是电池管理系统的三项关键性技术。

6. 被动均衡是通过给电池组中每节电池并联一个_____进行放电分流,从而实现均衡。

7. 高压继电器识别。

8. _____表示的是电池的荷电状态,被用来反映电池的剩余电量情况,其定义为当前可用容量占初始容量的百分比(国标)。

9. _____通过累积电池在充电或放电过程中的电量来估测电池的 SOC。

10. 在电池充放电过程中,BMS 系统可以通过利用_____实时采集电动汽车的动力电池充放电电流,防止电池发生过充电或过放电现象。

11. _____类型的电流传感器,它实际就是一个阻值很小的电阻,串联在直流母线负极电缆电路中。

12. 比亚迪 E5 汽车电流传感器安装在_____内部。

13. 漏电传感器检测与动力电池输出相连接的_____母线与车身底盘之间的绝缘电阻,来判断动力电池包的漏电程度。

14. 比亚迪 E5 漏电传感器属于_____类型。

15. 比亚迪 E5 漏电传感器泄漏检测电路有一个_____源。

16. 数字式兆欧表有 3 个插孔,分别是_____、_____、_____插孔。

项目 **3** 动力电池无法充电故障诊断与排除

项目导入

项目名称			动力电池无法充电故障诊断与排除		
姓名		班级		成绩	
组别		组长		场地	
日期		学时		指导教师	
项目描述			一辆北汽新能源汽车，行驶 5 年，里程数为 80 000 km，该车出现无法使用家用充电枪的充电故障。车辆刚开始充电表现正常，过一会就会自动停止充电。 　　小明是北汽新能源汽车 4S 店的一名汽车维修工，今天接到班组长的派工单，要求在 2 个小时内完成动力电池包无法充电故障检修。 　　请以小组合作的形式，通过阅读维修工单，明确任务要求，在规定工期内查阅维修手册，确定维修作业流程与技术标准，完成车辆交流充电插座检查、车载充电机检查、动力电池包检查维修等。填写维修工单，交付班组长进行质量检验，在工作过程中遵循现场工作管理规范。		
项目目标			(1) 能阅读并规范填写维修工单，就车确认汽车状况并记录相关信息，明确动力电池无法交流充电维修作业的项目、内容和工期要求。 (2) 能参照维修手册和前期获取的相关知识，根据厂家规定制定动力电池无法交流充电维修作业流程，并进行作业前的准备工作。 (3) 能按照动力电池无法交流充电维修作业方案，以双人合作的方式，在规定时间内完成车辆交流充电插座、车载充电机、动力电池包检查维修等，并填写检查维修记录。 (4) 能根据企业三级检验制度，按行业竣工检验标准，对检查维修作业质量进行自检、组检和终检，在维修工单上填写质检结果并签字确认后交付车辆。		

 新能源汽车交流充电操作

视频：新能源汽车
交流充电操作

 **任务描述**

现有一辆北汽 EV160 新能源汽车，客户反映无法使用家用交流充电枪对车辆充电，仪表充电连接指示灯也没有显示。初步检查是因交流充电操作不当引起的故障，请按规范检查交流充电操作。

 任务目标

（1）能说明新能源汽车交流充电接口的电气参数值及功能。

（2）能小组合作，按照安全操作规范进行交流充电操作。

 **知识链接**

3.1.1　交流充电接口国家标准

充电系统是电动汽车的能源补给系统，为保障车辆持续行驶提供动力能源。充电系统可分为交流充电和直流充电两种方式，也称为慢充和快充。

慢充系统使用交流 220 V 单相电，通过车载充电机整流变换，将交流电变换为高压直流电给动力电池充电。直流充电系统一般使用交流 380 V 三相电，通过功率变换后，直接用高压直流给动力电池充电。

1. 交流充电接口电气参数值及功能

车辆接口和交流充电接口分别包含 7 对触头，其电气参数值及功能定义如表 3-1 所示。

表 3-1　触头电气参数值及功能定义

触头编号/标识	额定电压和额定电流	功能定义
1—（L）	250 V/440 V　16 A/32 A	交流电源
2—（NC1）	—	备用触头

（续表）

触头编号/标识	额定电压和额定电流	功能定义
3—（NC2）	—	备用触头
4—（N）	250 V/440 V　16 A/32 A	中线
5—（ ⏚ ）	—	保护接地（PE），连接供电设备地线和车辆车身地线
6—（CC）	30 V　2 A	充电连接确认
7—（CP）	30 V　2 A	控制确认

2. 触头布置形式

供电插头和充电插座的触头布置方式如图 3-1 和图 3-2 所示。

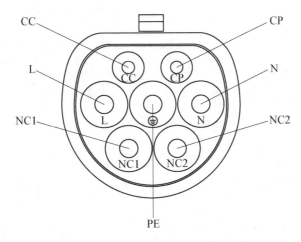

图 3-1　车辆供电插头的触头布置示意图

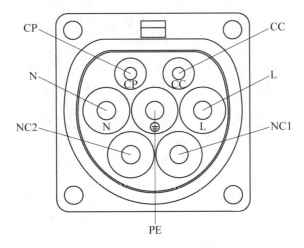

图 3-2　车辆供电插座的触头布置示意图

3. 触头连接界面

在充电连接过程中,首先接通保护接地触头,然后接通控制确认触头与充电连接确认触头。在脱开过程中,首先断开控制确认触头与充电连接确认触头,再断开保护接地触头。车辆接口的电气连接界面如图3-3所示。

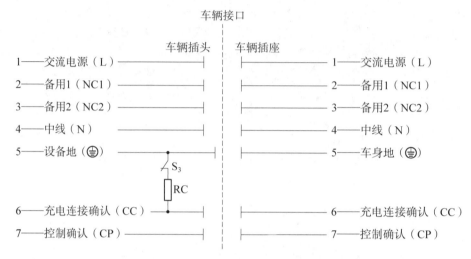

图3-3　车辆接口电气连接界面示意图

3.1.2　新能源汽车充电操作步骤

大部分新能源汽车都配置了充电接口,作为车辆充电系统与充电桩对接的接口,在正常使用时,插拔过程中充电接口端子会存在摩擦,因此它是一个易损件,如使用不规范,将会严重缩短其使用寿命。

1. 充电接口盖开关状态检查

检查充电接口盖能否正常开启和关闭,如图3-4所示。注意:充电结束时,务必关闭充电接口盖。如果有水或灰尘进入充电接口,有可能会出现故障。在关闭充电接口外盖之前,一定要先关闭正常充电接口盖和快速充电接口盖。

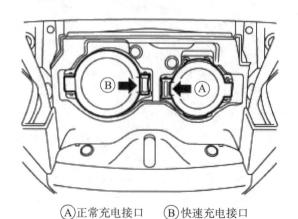

Ⓐ正常充电接口　　Ⓑ快速充电接口

图3-4　充电接口盖的开关状态检查

2. 充电接口端子的正常状态检查

新能源汽车每次充电时应检查充电接口端子(见图 3-5)的使用状态是否正常,以规避风险。

图 3-5　充电接口检查

(1) 车辆熄火,整车解锁,打开充电接口舱盖及充电接口盖。

(2) 目视检查充电接口塑料绝缘壳体外观有无热熔变形或脱落,严重热熔变形且影响正常使用的需要及时更换。

(3) 充电接口端子内部如有灰尘或其他异物,无法排出且影响正常使用的需更换处理。

(4) 目视检查充电接口端子触点及底部有无变黄,微黄可以继续使用,若为暗黄则需更换处理(此条不适用于镀金端子充电接口);对于端子为镀金的充电接口,正常应为亮金色,对于端子为镀银的充电接口,正常应为亮银色。

(5) 目视检查充电接口端子触点及底部有无变黑,若变黑则需更换处理。

(6) 目视检查端子触点有无断裂,若存在断裂则需更换处理。

注意:检查时请勿触摸金属触点或插入任何工具,若有必要,应断开高压系统。如果发现严重损坏应及时更新部件,避免故障及安全隐患发生。

3. 充电枪使用规范

(1) 开始充电时,将充电枪对准对应充电接口后再推入,如图 3-6 所示。

图 3-6　充电枪使用规范

(2) 确保充电枪按钮完全弹起,如图 3-7 所示。

正常回弹   非正常回弹

图 3-7 充电枪按钮检查

能量补给站

充电枪的锁止按钮有两个作用,其一是控制插头的机械锁止装置,如图 3-8 所示。另外它还是电路的控制开关,当按下按钮时,开关断开;松开按钮时,开关闭合。

图 3-8 充电控制插头的机械锁止装置

当慢充电插头与车辆充电插座连接时,车辆控制装置输出 5 V 或 12 V 电压,车辆控制装置通过测量检测点 3 与 PE 之间的电阻值来判断充电插头与充电插座是否完全连接,如图 3-9 所示。另外 CC 与 PE 之间电阻为 680 Ω,表示充电电缆容量为 16 A。CC 与 PE 之间电阻为 220 Ω,表示充电电缆容量为 32 A。

(3)当设备安装正确,且准备好充电后,会发出两次哔哔声,充电状态指示灯将发生变化。

(4)刷卡或使用 App 进行充电。

(5)确认充电桩是否有电流输出,且电量应缓慢增长。

(6)确认车辆仪表盘上是否有"充电中"字样或油箱状黄色充电状态指示灯常亮,如图 3-10 所示。

(7)确认无误,锁车离开。

(8)结束充电时,先对充电设备进行必要的操作(如刷卡或设置停止充电),再解锁车辆,如图 3-11 所示。此时按下充电枪解锁按键 1～2 s 后再拔枪(不要直接或快速拔出充

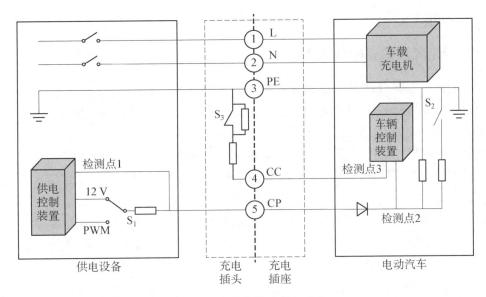

图 3-9　充电枪锁止按钮开关

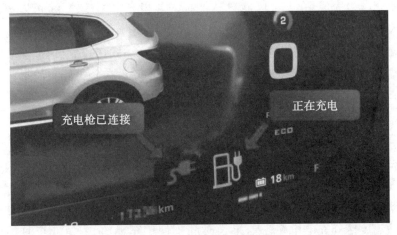

图 3-10　充电状态检查

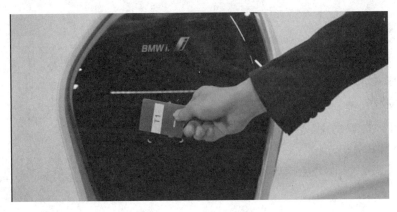

图 3-11　充电设备停止

电枪,以免产生电弧风险)。

3.1.3　新能源汽车充电注意事项

(1) 确保充电接口、充电接头或电源插头上没有水和异物,以及上述装置没有受到生锈和腐蚀的损坏或影响。如果注意到存在上述情况,最好不要给锂离子电池充电,否则可能导致短路或触电,引发火灾,造成严重的人身伤害甚至死亡。

(2) 不要触摸充电接口、充电接头或电源插头的金属触点。

(3) 当手湿时,避免拔插插头,也不要站在水、液体或雪中拔插插头,否则可能引发触电风险,造成严重的人身伤害。

(4) 在拔下充电电缆之前,如有必要应清洁充电接口盖和充电接口之间的区域。

(5) 在充满电以后,建议使车辆进入休眠模式 2 个小时以上,让车辆高压蓄电池内部进行电压均衡,以提供最佳的续航能力。

(6) 如果选择使用随车便捷充电设备充电,应先将标准充电电缆直接插入三相交流插座,不要使用插线板或延长电缆转接,避免产生由于中间线路过载导致过热引起火灾的风险。

(7) 即使充电未完成,充电也可能自动停止。如果充电中途停止,可以再次按下充电设备上的启动按钮,重新开始充电。在充电过程中,充电接头应锁止在充电接口上,不能断开。在充电时,随着电池可用电量百分比增加,锂离子电池的充电速度会变慢。如果锂离子电池的温度过高或者过低,锂离子电池充电的时间可能会变长。如果将充电接头连接到充电接口后 5 分钟没有操作,充电则不会开始。在这种情况下,需重新连接充电接头,并在 5 分钟内执行充电操作。

(8) 如果注意到车辆上有异味或有烟雾产生,应立即停止充电。

(9) 不要试图在给锂离子电池充电的同时进行 12 V 蓄电池的跨接起动,否则可能会损坏车辆或充电设备,并造成伤害。

(10) 当环境温度太低时,充电时间可能会比平时长,并且此时锂离子电池充电电量也可能低于最适温度区间充电电量。如果长时间不使用车辆,仍需每 3 个月给锂离子电池充一次电。

🔋 任务实施

小组合作对北汽 EV160 整车进行交流充电操作。

1. 任务准备

(1) 安全防护装备:绝缘手套、安全警示标识等。

(2) 车辆、台架:北汽 EV160 新能源整车、动力电池实训台架。

(3) 专用工具:交流充电枪、数字式万用表。

2. 安全注意事项

(1) 确定车辆或实训台架处于安全状态。

（2）遵守新能源汽车操作安全提示。

3. 任务实施过程

北汽 EV160 整车的交流充电操作演练如表 3 - 2 所示。

表 3 - 2 北汽 EV160 整车交流充电操作步骤及实施方法

步 骤	实 施 方 法
1. 检查充电接口	 检查情况_____
2. 检查充电枪	 （1）松开按钮，电阻为_____Ω （2）按下按钮，电阻为_____Ω
3. 连接充电枪	
4. 检查充电连接指示灯	充电指示灯是否点亮 检查情况_____
5. 检查充电电流	充电电流为_____A
6. 停止充电操作	遵守操作规范

任务 3.2 交流充电接口故障检修

任务描述

现有一辆北汽 EV160 新能源汽车,客户反映无法使用家用交流充电枪对车辆充电。初步检查是交流充电接口电路故障,请按规范进行检修。

任务目标

视频:检修交流充电接口故障

(1) 能说明交流充电接口的物理连接过程。
(2) 能根据交流充电程序,独立分析无法交流充电故障的原因。
(3) 能小组合作,排除无法交流充电故障。

知识链接

3.2.1　交流充电接口的物理连接与确认

1. 充电插头与充电插座插合,使车辆处于不可行驶状态

当充电插头与充电插座插合后,车辆的总体设计方案可以自动启动某种触发条件,通过互锁或其他控制措施使车辆处于不可行驶状态。

2. 确认供电接口与车辆接口已经完全连接

1) CC 充电连接确认

开关 S_3 指的是充电插头上的按钮,它有两个作用,一是控制插头的机械锁止装置;二是电路的控制开关。当按下按钮时,开关断开,松开按钮时,开关闭合。

当慢充电插头与车辆充电插座连接时,车辆控制装置输出 5 V 或 12 V 电压,车辆控制装置通过测量检测点 3 与 PE 之间的电阻值来判断充电插头与充电插座是否完全连接,如图 3-12 所示。

2) CP 控制确认

开关 S_1 与供电控制装置 12 V 电源相连接,如果充电插头和充电插座完全连接,其电路通过车载充电机构成回路。供电控制装置通过测量检测点 1 的电压值来判断充电插头

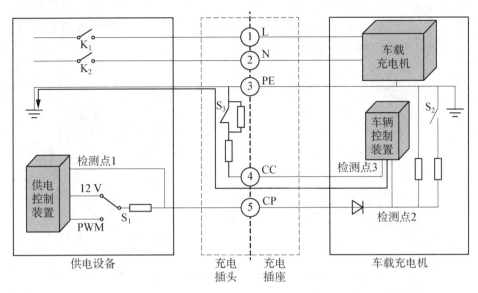

图 3-12　CC 充电连接确认示意图

和充电插座是否完全连接。如果连接正常,其正常电压为 9 V,如图 3-13 所示。

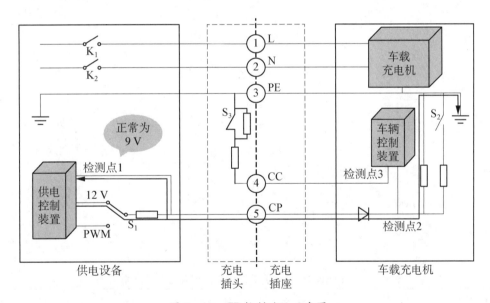

图 3-13　CP 控制确认示意图

3. 充电连接装置载流能力和供电设备供电功率识别

当慢充电插头与车辆充电插座连接时,车辆控制装置通过测量检测点 3 与 PE 之间的电阻值来确认当前充电连接装置的额定容量。电阻为 680 Ω,表示充电电缆容量为 16 A。电阻为 220 Ω,表示充电电缆容量为 32 A。

当 CC、CP 连接确认后,开关 S_1 切换至供电装置 PWM 连接状态,供电控制装置输出占空比信号通过车载充电机构成回路,如图3-14所示。车辆控制装置通过测量检测点2的PWM信号占空比来确认当前供电设备的最大供电电流。振荡器电压如图3-15所示,占空比与充电电流的映射关系如表3-3所示。

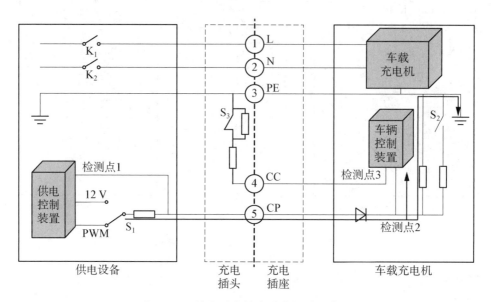

图3-14　供电设备供电功率识别示意图

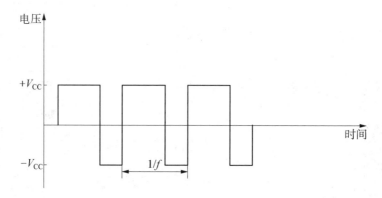

图3-15　振荡器电压

表3-3　充电设施产生的占空比与充电电流限值映射关系

PWM占空比 D	最大充电电流 I_{max}/A
$D=0\%$	充电桩不可用
$D=5\%$	5%的占空比表示需要数字通信,且需要在电能供应之前在充电桩和纯电动汽车之间建立通信
$10\% \leqslant D \leqslant 85\%$	$I_{max}=D\times100\times0.6$

（续表）

PWM 占空比 D	最大充电电流 I_{max}/A
$85\% < D \leqslant 90\%$	$I_{max} = (D \times 100 - 64) \times 2.5$ 且 $I_{max} \leqslant 63$
$90\% < D \leqslant 97\%$	预留
$D = 100\%$	不允许

3.2.2　交流充电的工作程序

1. 确认供电接口与车辆接口已经完全连接

当慢充电插头与车辆充电插座连接时,车辆控制装置通过 CC 确认充电插头与充电插座已经安全连接,供电控制装置通过 CP 确认充电插头与充电插座已经完全连接。

2. 充电连接装置载流能力和供电设备供电功率的识别

当慢充电插头与车辆充电插座连接时,车辆控制装置检测点 3 与 PE 之间的电阻值来确认当前充电连接装置的额定容量。电阻为 680 Ω,表示充电电缆容量为 16 A;电阻为 220 Ω,表示充电电缆容量为 32 A。

当 CC、CP 连接确认后,开关 S_1 切换至供电装置 PWM 连接状态,供电控制装置输出占空比信号通过车载充电机构成回路。车辆控制装置通过测量检测点 2 的 PWM 信号占空比确认当前供电设备的最大供电电流。

3. 车辆准备

1) 电池管理系统充电唤醒

在车载充电机完成自检后,低压控制端线束负责给整车控制器、电池管理系统输出充电唤醒信号 12 V 电压,如图 3-16 所示。车载充电机通过 CAN 数据线与电池管理系统进行通信。

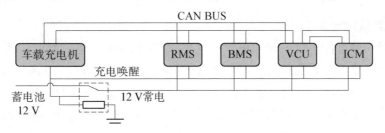

图 3-16　车载充电机发出唤醒信号

2) 车辆准备就绪

在车载充电机自检完成且没有故障的情况下,并且电池组处于可充电状态时,车辆控制装置闭合开关 S_2,如图 3-17 所示。

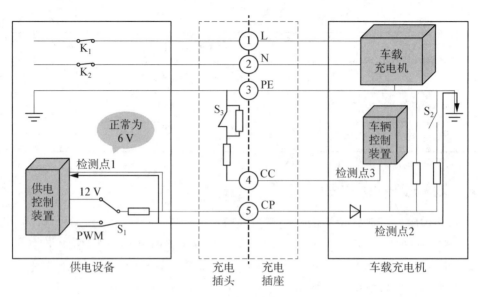

图 3-17　车辆准备就绪

4. 供电设备准备就绪

供电控制装置通过测量检测点 1 的电压判断车辆是否准备就绪,当检测点 1 的峰值电压为表 3-4 中状态 3 对应的电压值时,则供电控制装置通过闭合接触器 K_1 和 K_2,使交流供电回路导通。

表 3-4　检测点 1 的电压状态

充电过程状态	充电连接装置是否连接	S_2	车辆是否可以充电	检测点 1 峰值电压/V	说明
状态 1	否	断开	否	12	车辆接口未连接,检测点 2 的电压为 0
状态 2	是	断开	否	9	R_3 被检测到
状态 3	是	闭合	可	6	车载充电机及供电设备处于正常工作状态

5. 充电系统的启动

当纯电动汽车和供电设备建立电气连接后,车辆控制装置通过判断检测点 2 的 PWM 信号占空比确认供电设备的最大供电能力,同时通过检测点 3 与 PE 之间的电阻值来确认电缆的额定容量。车辆控制装置对供电设备当前提供的最大供电电流、车载充电机的额定输入电流值及电缆的额定容量进行比较,将最小值设定为车载充电机当前最大允许输入电流,车载充电机开始对纯电动汽车进行充电。

在充电过程中,车辆控制装置通过周期性监测检测点 2 和检测点 3,供电控制装置通过周期性监测检测点 1,确认供电接口和车辆接口,监测周期不大于 50 ms。当检测点 2 的 PWM 占空比有变化时,车辆控制装置实时调整车载充电机的输出功率。

6. 正常条件下充电结束或停止

在充电过程中,当达到车辆设置的结束条件或驾驶员对车辆实施了停止充电的指令时,车辆控制开关装置断开开关 S_2,车载充电机停止充电。同时供电控制装置控制开关 S_1 切换到 $+12\text{ V}$ 连接状态,断开接触器 K_1 和 K_2,切断交流供电回路。

7. 非正常条件下充电结束或停止

(1) 在充电过程中,车辆控制装置通过检测 PE 与检测点 3 之间的电阻来判断充电插头与充电插座的连接状态,如果判断开关 3 由闭合变为断开,并在一定时间内持续保持断开状态,车载充电机停止充电。

(2) 在充电过程中,车辆控制装置通过对检测点 2 的 PWM 信号进行检测,当信号中断时,车载充电机停止充电。

(3) 在充电过程中,如果检测点 1 的电压值为 12 V、9 V 或者其他非 6 V 的状态,则供电控制装置断开交流供电回路。

(4) 在充电过程中,如果漏电流保护器动作,则车载充电机处于欠压状态,车辆控制装置断开开关 S_2。

能量补给站

动力电池慢充状态说明

　　慢充电时,电池单体的温度范围在 $0\sim55℃$ 之间才可以充电;当温度点高于 $55℃$ 或低于 $0℃$ 时,电池管理系统将自动切断充电回路,此时将无法充电。

　　充电前检测箱体内部温度,若有低于 $0℃$ 的温度点,启动加热模式,进行加热内循环。待所有电池单体温度点高于 $5℃$,停止加热,启动充电程序。加热过程中出现加热片温度差高于 $20℃$,则间歇停止加热,待加热片温度差低于 $15℃$,则重启加热片。

　　加热过程中,正常情况下充电桩电流显示为 $4\sim6\text{ A}$。

　　充电过程中,充电桩电流显示为 $12\sim13\text{ A}$。

　　如果单体压差大于 300 mV,则停止充电,上报充电故障。

任务实施

小组合作检测交流充电接口电路。

1. 任务准备

(1) 安全防护装备:绝缘手套、安全警示标识等。

(2) 车辆、台架:北汽 EV160 新能源整车、动力电池实训台架。

(3) 专用工具:交流充电枪、数字式万用表。

2. 安全注意事项

(1) 确定车辆或实训台架处于安全状态。

(2) 遵守新能源汽车操作安全提示。

3. 任务检测过程

北汽 EV160 新能源汽车实训台架检测交流充电接口电路的步骤及实施方法如表 3－5 所示。

表 3－5　检测交流充电接口电路的步骤及实施方法

步　骤	实 施 方 法
1. 检测交流充电插座中 CC 与 PE 电压	 检测电压：_____ V
2. 检测交流充电插头中 CP 与 PE 电压	 检测电压：_____ V
3. 检测充电枪锁止按钮的电阻值	 （1）松开按钮，电阻为_____ Ω （2）按下按钮，电阻为_____ Ω
4. 检查高压分配单元内的车载充电机熔断器是否正常	 检查情况_____
5. 检测车载充电机 CC 输出信号	输出电压_____ V

 **车载充电机故障检修**

视频：检修车载充电
机故障

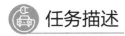 **任务描述**

现有一辆北汽 EV160 新能源汽车，客户反映使用交流充电枪对车辆充电时出现跳枪现象，且车载充电机故障报警灯点亮。初步检查是车载充电机故障，请按规范进行检修。

任务目标

（1）能说明车载充电机的充电方式。
（2）能说明车载充电机的结构、原理、性能要求。
（3）能小组合作，按照安全操作规范检测车载充电机电路。

知识链接

3.3.1 车载充电机充电方式

常见的车载充电机充电方式有恒压充电、恒流充电、阶段性充电、脉冲充电等。

1. 恒压充电

在整个充电过程中充电电压保持不变，充电电流随着充电时间的增加而逐渐减小，当充电电流小于一定值后停止充电。整个充电过程中能耗较小，能有效避免电池过充，控制简单，易于操作。但往往待充电电池的初始电压值较小，导致充电初期的充电电流很大，过大的电流一方面会造成电池极化现象的发生，影响充电速度；另一方面会造成电池温度迅速升高，严重时还会烧坏电池，酿成事故。所以在充电开始阶段，需要对充电电流值进行限制，让电池保持在一个可接受的电流范围内充电。

2. 恒流充电

恒流充电开始时以恒定的电流为动力电池充电，待动力电池将要充满时，改用恒定的小电流进行浮充充电，用来充足剩余电量和补偿电池自放电，当充电电压达到额定电压时停止充电。恒流充电避免了恒压充电电流过大的问题，电流始终被限制在电池组可接受的范围内。

3. 阶段性充电

阶段性充电根据实际应用情况可以分为两阶段或者三阶段充电。第一阶段为恒流充电,用大电流快速给电池充电,使电池的电压达到一定电压值。第二阶段为恒压充电,用小电流继续对电池充电,降低电池的产气量。第三阶段为浮充充电,以涓流给电池充电,确保电池能够充满,当控制系统检测到充电电流小于一定设定值时,结束充电。阶段性充电结合了恒压与恒流充电方式的优点,有利于减少电池的极化,避免了过充和大电流充电给电池带来的冲击。目前大多采用阶段性充电方式为车载充电机充电。

4. 脉冲充电

恒压充电、恒流充电和阶段性充电的充电电压和电流是连续的,没有给电池足够的休息时间来消除极化现象,极化可以引起电池过热、析气等现象,将限制充电速度,严重时还会影响电池寿命。

脉冲充电方式和正负脉冲充电方式采用不连续的充电电流,能有效地减少或消除极化现象,加快充电速度以及延长电池的使用寿命。

脉冲充电方式采用脉冲充电间歇为电池提供充足的休息时间,有利于电池内部的活性物充分反应,能有效地减少或消除极化现象,并且可以采用较大的电流给电池充电且不必担心电池过热和析气,能有效提高充电效率、缩短充电时间、延长电池寿命。正负脉冲充电方式是对脉冲充电方式的改进,整个充电过程中包括正脉冲充电、间歇休息和负脉冲放电。首先进行正脉冲充电,休息一段时间后,再对电池进行短暂的负脉冲放电。对电池短暂的负脉冲放电能有效去除极化现象,加快电池内部的电化学反应,降低电池温度,虽然损失了部分电能,但能够使电池以较高的充电电流充电,有效加快充电速度和提高充电效率,延长电池寿命。

3.3.2 车载充电机工作过程

1. 车载充电机指示灯

车载充电机的作用是将输入的 220 V 交流电转换为动力电池所需的 290～420 V 高压直流电,从而实现电池电量的补给,车载充电机上有 3 个指示灯,如图 3-18 所示。

图 3-18　车载充电机指示灯

（1）POWER 灯是电源指示灯，当接通交流电后该指示灯亮。

（2）RUN 灯是充电指示灯，当充电机接通电池进入充电状态后该指示灯亮。

（3）FAULT 灯是报警指示灯，当充电机内部有故障时该指示灯亮。

提示：

（1）当充电正常时，POWER 灯和 RUN 灯点亮。

（2）当起动半分钟后仍只有 POWER 灯亮时，有可能为电池无充电请求或已充满。

（3）当 FAULT 灯点亮时，则说明充电系统出现异常。

（4）当 3 个灯都不亮时，检查充电桩、充电线束及插接件。

2. 车载充电机工作过程

车载充电机主要由交流输入接口、功率单元、控制单元、低压辅助单元、直流输出接口组成，如图 3 - 19 所示。当车载充电机接上交流电后，并不是立刻将电能输出给电池，而是通过 BMS 电池管理系统首先对电池的状态进行采集分析和判断，进而调整充电机的充电参数。

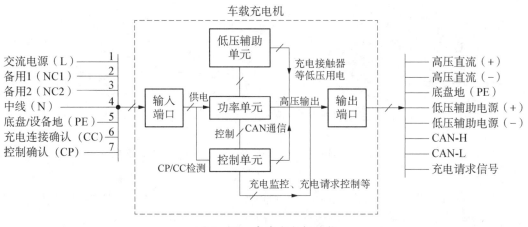

图 3 - 19　车载充电机结构

北汽 EV160 车载充电机高压线束与低压线束连接，如图 3 - 20 所示，其交流输入线束如图 3 - 21 所示，共 6 个引脚。其中每个引脚的含义分别为：1 脚，L（交流电源）；2 脚，N（交流电源）；3 脚，PE（车身地）；4 脚，未使用；5 脚，CC（充电连接确认）；6 脚，CP（控制确认线）。

（1）低压唤醒整车控制系统。车载充电机输出 12 V 电源可以唤醒整车 VCU，北汽 EV160 车载充电机低压端控制线束如图 3 - 22 所示，共有 16 个引脚。其中每个引脚的含义分别为：1 脚，新能源 CAN - L；2 脚，GND；3 脚，CP（预留）；4 脚，未使用；5 脚，互锁输出（到高压控制单元低压插件）；6 脚，未使用；7 脚，未使用；8 脚，GND；9 脚，新能源 CAN - H；10脚，未使用；11 脚，CC 信号输出至 VCU 整车电脑；12 脚，未使用；13 脚，互锁输入（到空调压缩机低压插件）；14 脚，使能；15 脚，12 V＋OUT（唤醒信号）；16 脚，12 V＋IN。

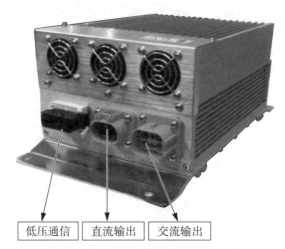

低压通信　直流输出　交流输出

图 3-20　车载充电机线束连接

图 3-21　交流输入高压线束端子

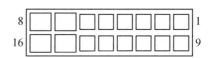

图 3-22　车载充电机低压端控制线束

（2）BMS 允许充电。BMS 检测充电需求，BMS 给车载充电机发送工作指令并闭合继电器。

（3）车载充电机开始工作。车载充电机开始工作，进行充电。电池检测充电完成以后，给车载充电机发送停止指令，车载充电机停止工作。

3. 车载充电机功能

（1）具备高速 CAN 网络与 BMS 通信的功能，判断电池连接状态是否正确；获得电池系统参数、充电前和充电过程中整组和单体电池的实时数据。

（2）可通过高速 CAN 网络与车辆监控系统通信，上传充电机的工作状态、工作参数和故障报警信息，接受启动充电或停止充电控制命令。

（3）在充电过程中，充电机能保证动力电池的温度、充电电压和电流不超过允许值；并具有单体电池电压限制功能，自动根据 BMS 的电池信息动态调整充电电流。

（4）自动判断充电连接器、充电电缆是否正确连接。当充电机检测到与充电桩和电池正确连接后，充电机才能允许启动充电过程。当充电机检测到与充电桩和电池连接不正常时，会立即停止充电。

（5）保护功能。

① 过压保护。当车载充电机输出电压大于或等于过压保护值时应关闭输出，并报警

提示。

② 欠压保护。当车载充电机输出电压小于或等于欠压保护值时应关闭输出,并报警提示。

③ 短路保护。当车载充电机输出短路时,应关闭输出,并报警提示。

④ 过温保护。当温度超过过温保护值时,车载充电机应自动进入过温保护状态,并降低功率运行。

⑤ 反接保护。当车载充电机直流输出端与车载储能系统正负极反接时,通电后应关闭输出,并报警提示。

⑥ 接地保护。当车载充电机中触及的可导电部分与外壳接地点的电阻不应大于 0.1 Ω,接地点应有明显的接地标志。

⑦ 安全隔离保护。车载充电机需要具备异常情况下快速切断供电电源的能力。

⑧ 低压供电功能。车载充电机应提供 12 V/24 V 直流电压输出,波纹噪声值不应大于 200 mV。

⑨ 充电联锁功能。保证充电机与动力电池连接分开之前,车辆不能启动。

⑩ 高压互锁功能。当有危害人身安全的高电压时,模块锁定无输出。

⑪ 具有阻燃功能。

3.3.3 车载充电机内部电路

车载充电机输入 220 V 交流电,先由 EMI 滤波器进行滤波,然后通过 PFC 功率因数校正环节,将电网交流电压变为直流电压,且保证输入交流电流与输入交流电压同相位。根据实际设计功率需求的不同,可采用多级 Boost 电路并联进行扩容,Boost 电路将输入的交流电经整流和升压后变为 400 V 直流电。

后级为 DC/DC 级,将 PFC 级输出直流电压变为所需充电电压,实现恒流/恒压充电功能,并保证交流高压侧与直流高压侧的电气绝缘,比较常见的 DC/DC 级电路拓扑有移相全桥和 LLC 两种,由于 LLC 拓扑的副边整流二极管可实现零电流关断,其效率比移相全桥略高,因此得到了越来越广泛的应用。

1. EMI 滤波电路

EMI 的全称为 electromagnetic interference,即电磁干扰。EMI 会伴随着电压、电流的作用而产生,可以沿着电路或者空气等介质进行传导,会对周边电子设备、电子系统产生不良影响的电磁现象。因此,EMI 对 PC 硬件的稳定工作有着很大的影响。

EMI 滤波器的主要作用就是抑制电网到电源以及电源到电网的 EMI 干扰,同时也可以起到抑制突波、保护电源的作用。EMI 是 PC 电源不可或缺的组成部分。

PC 电源的二级 EMI 滤波电路是在一级 EMI 滤波电路的基础上增添更多元件,除了 X 电容和 Y 电容外,还会有共模电感和差模电感。共模电感是拥有两个绕组的线圈,其主要作用是抑制市电输入中的共模干扰,同时也抑制电源本身的共模干扰对外泄漏的问题。差模电感则是单个绕组的电感线圈,其主要作用是抑制市电输入中的差模干扰,如图 3-23 所示。

图 3 - 23　EMI 滤波

2. 功率因数校正

功率因数校正(PFC)是目前比较流行的一个专业术语,它是 20 世纪 80 年代发展起来的一项新技术,其背景源于离线开关电源的迅速发展和荧光灯交流电子镇流器的广泛应用。PFC 电路不仅能提高线路或系统的功率因数,更重要的是可以解决电磁干扰(EMI)和电磁兼容(EMC)的问题。

目前已开发出两项创新的 PFC 控制拓扑,可提升 PFC 控制器的效率。第一种拓扑是半桥式 PFC,可减少一半的桥式整流器耗损;第二种拓扑是交错式 PFC,可减少约 50% 的转换器耗损。

1) 半桥式 PFC

此拓扑须搭配两个升压功率级(Boost1 及 Boost2)以实现 PFC,升压电感直接连接到转换器的输入端。此拓扑也须采用全波整流器(DA、DB、DC、DD),使一般 PFC 升压电容在最初的通电时间达到最高电量。然而在升压电容的电量达到最高,转换器启动运作之后,电源转换器在每一次传导期间,只会有一个整流器二极管(DA 或 DB)处于工作状态,不像在全桥式拓扑中,一般会有两个二极管同时进行传导。这与以两个桥式整流器二极管进行传导的传统 PFC 升压相当不同,这项创新技术可免除一个整流器二极管所产生的传导损耗以提升效率,进而提升整体系统的效率,其电路拓扑结构如图 3 - 24 所示。

2) 交错式 PFC

交错式 PFC 预整流器则是将两个升压功率级交错,将传导损耗分散于两个 PFC 升压功率级。交错式 PFC 是在原本放置单个较大功率 PFC 的地方并行放置两个一半功率的较小功率 PFC,其电路拓扑结构如图 3 - 25 所示。这两个较小功率 PFC 以 180° 的相移交替工作,它们在输入端或输出端累加时,每相电流纹波的主要部分将抵消,简化电磁干扰(EMI)滤波,并减小输入电流有效值。

3. LLC 谐振电路

在具有电阻 R、电感 L 和电容 C 元件的交流电路中,电路两端的电压与其中电流相位一般是不同的。如果调节电路元件(L 或 C)的参数或电源频率,可以使它们相位相同,整

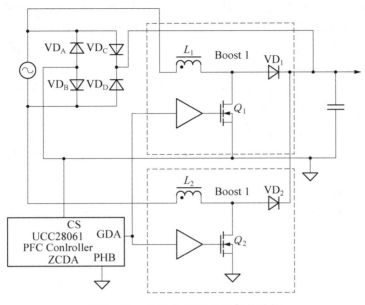

图 3-24　半桥式 PFC 电路拓扑结构

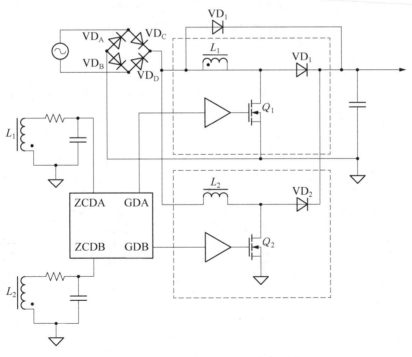

图 3-25　交错式 PFC 电路拓扑结构

个电路呈现为纯电阻性，这种状态称之为谐振。

1）半桥式谐振电路

LLC 谐振电路功率级包括：开关网络、谐振腔、变压器和全波整流四部分。功率管

Q_1、Q_2 构成开关网络的逆变部分,L_r、C_r 分别为谐振电路内的谐振电感和谐振电容,将逆变输出的方波电压谐振为近似正弦形式,如图 3－26 所示。

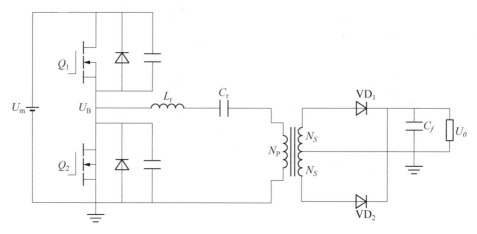

图 3－26　半桥 LLC 谐振电路

改变功率管 Q_1、Q_2 的开关频率,当开关频率等于谐振频率 f_r 时谐振腔内阻抗最低,输入电压基本全部加在负载上,此时获得最大直流电压增益近似等于 1。LLC 变换器是通过改变工作频率的方式,调节谐振腔阻抗,实现电压稳定输出。

2）全桥式 LLC 谐振电路

LLC 谐振全桥变换电路由于具有较高功率密度而广泛用于中、大功率场合,主要由初级线圈,4 个功率 MOS 管,谐振电感 L_r、谐振电容 C_r、励磁电感 L_m,次级则由整流二极管以及输出滤波电容组成,如图 3－27 所示。

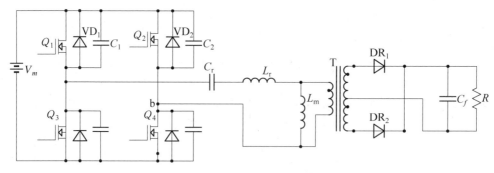

图 3－27　全桥式 LLC 谐振电路

3.3.4　新能源汽车无法充电常见故障分析

新能源汽车无法充电的常见故障分析如表 3－6 所示。

表 3-6　新能源汽车无法充电常见故障的原因及解决办法

症状	可能的原因	可能的解决办法
无法进行充电	车辆电源开关处于 ON 挡位置	开始充电前,将车辆电源开关置于 OFF 挡位置
	充电枪上按钮没有完全弹起	检查充电枪按钮
	同时连接了正常充电接头和快速充电接头	正常充电接头和快速充电接头无法同时工作
	锂离子电池已充满	检查锂离子电池可用电量表,确认剩余的可用锂离子电池电量。如果仪表指示充满,则锂离子电池已经充满,无法再充电。如果锂离子电池已充满,充电自动停止
	锂离子电池温度过高或过低而无法充电	检查锂离子电池温度表,确认锂离子电池温度。如果仪表指示锂离子电池过热(红区)或过冷(蓝区),可能无法进行充电。充电前应让锂离子电池冷却或升温
	12 V 蓄电池放电	如果车辆电气系统无法开启,无法给锂离子电池充电。如果 12 V 蓄电池没电,充电或跨接启动 12 V 蓄电池
	车辆存在故障	车辆或充电设备可能有故障。确认仪表板上的警告灯是否点亮。确认充电设备上的指示灯是否指示存在故障。如果显示警告,停止充电
无法进行正常充电	正常充电桩或充电电缆没有电	确认充电桩或充电电缆的操作步骤,确认没有供电故障。确保断路器有效,如果使用的是安装了计时器装置的充电桩,则仅在计时器设定的时间才有电
	电气插头未正确连接	确认电气插头已正确连接
	充电接头未正确连接	确认充电接头连接正确
	充电桩或充电电缆与车辆不兼容	使用与 GB/T 20234.2—2015 兼容的正常充电桩或正常充电电缆

任务实施

小组合作检测车载充电机。

1. 任务准备

(1) 安全防护装备:绝缘手套、安全警示标识等。

(2) 车辆、台架:北汽 EV160 新能源整车、动力电池实训台架。

(3) 专用工具:数字式万用表、兆欧表。

2. 安全注意事项

（1）确定车辆或实训台架处于安全状态。

（2）遵守新能源汽车操作安全提示。

3. 任务检测过程

检测北汽EV160新能源汽车实训台架的车载充电机的步骤及实施方法。

表3-7　车载充电机的步骤及实施方法

步　骤	实 施 方 法
1. 车载充电机常规检查	（1）检查散热风扇是否有异物 （2）散热齿上尽可能减少杂物，保证散热时风道畅通 （3）低压连接器是否有松动，保证连接器可靠连接 （4）检查高压连接器是否可靠连接 （5）检查外壳是否有明显碰撞痕迹，充电机内部模块是否有损坏 检查情况＿＿＿＿＿＿＿＿
2. 车载充电机指示灯检查	检查情况＿＿＿＿＿＿＿＿
3. 车载充电机正负极绝缘性能检查	标准：车载充电机绝缘电阻阻值在环境温度为23℃±2℃和相对湿度为45%～75%时，车载充电机正极、负极输出与车身之间的绝缘电阻≥1 000 MΩ；在环境温度为23℃±2℃和相对湿度为90%～95%时，车载充电机正极、负极输出与车身之间的绝缘电阻≥20 MΩ。 检查情况＿＿＿＿＿＿＿＿

（续表）

步　骤	实 施 方 法
4. 车载充电机唤醒信号检查	 慢充唤醒电压：_____V
5. 检查车载充电机数据通信线路	CAN - H 电压正常为_____V CAN－L 电压正常为_____V

直流充电接口故障检修

视频：检修直流充
电接口故障

任务描述

一辆北汽 EV160 新能源汽车，客户反映无法使用直流充电桩对车辆进行快充电，仪表充电连接指示灯也没有显示。初步检查的结果是直流充电插座电路故障，请按规范进行检修。

任务目标

（1）能说明纯电动汽车的直流充电桩接口的电气参数值及功能。

（2）能解释直流充电模式控制电路的工作过程。

（3）能根据快充电正常工作的条件，分析无法充电的故障原因，小组合作制定检修计划，按照维修手册标准排除故障。

知识链接

3.4.1　直流充电接口

1. 直流充电系统构成

直流充电系统构成如图 3-28 所示。

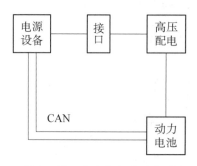

图 3-28　直流充电系统构成

2. 直流充电接口的触头布置方式

直流充电插头和充电插座的触头布置方式如图 3-29 和图 3-30 所示。

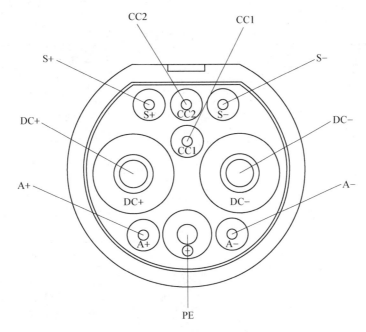

图 3-29　充电插头触头布置

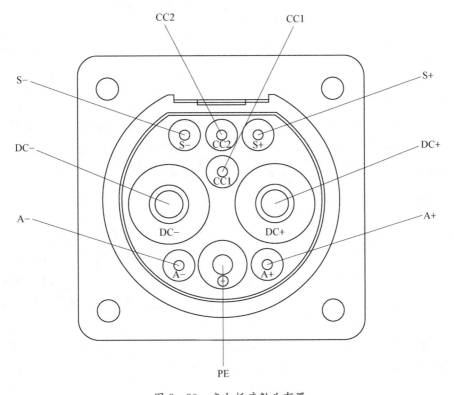

图 3-30　充电插座触头布置

3. 车辆接口的电气参数及功能

车辆的充电插头和充电插座分别包含 9 对触头,其电气参数值及功能定义如表 3-8 所示。

表 3-8　触头的电气参数值及功能定义

触头编号/标识	额定电压和额定电流	功能定义
1-(DC+)	750 V　125 A/250 A	直流电源正,连接直流电源正与电池正极
2-(DC—)	750 V　125 A/250 A	直流电源负,连接直流电源负与电池负极
3-(PE)	—	保护接地(PE),连接供电设备地线和车辆车身地线
4-(S+)	30 V　2 A	充电通信 CAN-H,连接非车载充电机与纯电动汽车的通信线
5-(S—)	30 V　2 A	充电通信 CAN-L,连接非车载充电机与纯电动汽车的通信线
6-(CC1)	30 V　2 A	充电连接确认 1
7-(CC2)	30 V　2 A	充电连接确认 2
8-(A+)	30 V　20 A	低压辅助电源正,连接非车载充电机为纯电动汽车提供的低压辅助电源
9-(A—)	30 V　20 A	低压辅助电源负,连接非车载充电机为纯电动汽车提供的低压辅助电源
非车载充电机控制装置和车辆控制装置应有 CAN 总线终端电阻,建议为 120 Ω;通信线宜采用屏蔽双绞线;非车载充电机端屏蔽层接地		

4. 充电连接界面

充电插头和充电插座在连接过程中触头耦合的顺序为:保护接地、直流电源正、直流电源负、车辆端连接确认、低压辅助电源正与低压辅助电源负、充电通信与供电端连接确认,在断开的过程中则顺序相反。直流充电接口的连接界面如图 3-31 所示。

3.4.2　直流充电安全保护系统的基本方案

直流充电安全保护系统基本方案如图 3-32 所示,包括非车载充电机控制装置、电阻 $R_1/R_2/R_3/R_4/R_5$、开关 S、直流供电回路接触器 K_1 和 K_2、低压辅助供电回路接触器 K_3 和 K_4、充电回路接触器 K_5 和 K_6、电子锁以及车辆控制装置。其中车辆控制装置可以集成在电池管理系统中,电阻 R_2 和 R_3 安装在充电插头上,电阻 R_4 安装在充电插座上,开关 S 为充电插头的内部常闭开关,当充电插头与插座完全连接后,开关 S 闭合。在整个充电过程中,非车载充电机控制装置应能监测接触器 K_1、K_2、K_3、K_4 及电子锁状态,并控制其接通及关断。纯电动汽车车辆控制装置应能监测接触器 K_5、K_6 状态,并控制其接通及关断。

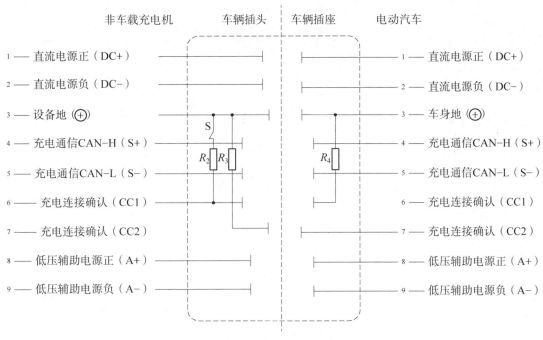

图 3-31 充电连接界面示意图

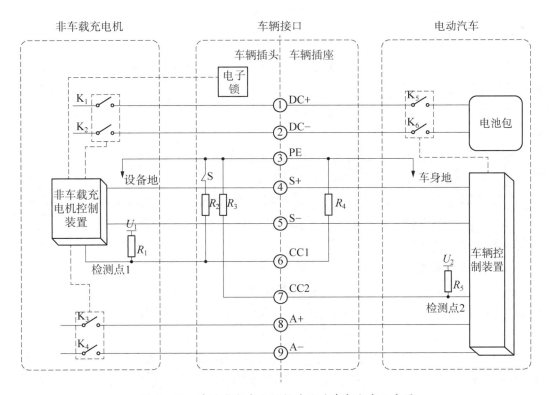

图 3-32 直流充电安全保护系统的基本方案示意图

直流充电安全保护系统的推荐参数如表 3-9 所示。

表 3-9　直流充电安全保护系统的推荐参数

对象	参数	符号	单位	标称值	最大值	最小值
非车载充电机的要求	R_1 等效电阻	R_1	Ω	1 000	1 030	970
	上拉电压	U_1	V	12	12.6	11.4
	电压 1	U_{1a}	V	12	12.8	11.2
		U_{1b}	V	6	6.8	5.2
		U_{1c}	V	4	4.8	3.2
充电插头的要求	R_2 等效电阻	R_2	Ω	1 000	1 030	970
	R_3 等效电阻	R_3	Ω	1 000	1 030	970
充电插座的要求	R_4 等效电阻	R_4	Ω	1 000	1 030	970
纯电动汽车的要求	R_5 等效电阻	R_5	Ω	1 000	1 030	970
	上拉电压	U_2	V	12	12.6	11.4
	电压 2	U_{2a}	V	12	12.8	11.2
		U_{2b}	V	6	6.8	5.2

3.4.3　直流充电过程的控制过程

直流需要有充电唤醒信号、快充充电门板信号。如果整车处于 ON 挡有高压时，需先进行高压下电后再进行充电。

（1）车辆插枪时，先有充电唤醒信号传递给 VCU、BMS 等，仪表充电连接指示灯闪烁。

（2）VCU 检测到充电门板信号，判断进入充电模式，仪表充电连接指示灯点亮。

（3）进入充电模式后，VCU 置位允许充电指令。

（4）BMS 与充电机/充电桩建立充电连接，开始充电。

在充电过程中，VCU 不直接参与充电控制，实时监控充电过程，出现异常情况进行紧急充电停止，以及上传仪表显示的部分信息、监控平台信息。

1. 物理连接完成阶段

操作人员将充电插头与充电插座连接，在对非车载充电机进行充电设置后，非车载充电机控制装置通过测量检测点 1 的电压值判断充电插头与充电插座是否已经完全连接，如图 3-33 所示。

当充电插头与充电插座未连接时，检测点 1 的电压为 12 V；当充电插头与充电插座连接，但开关 S 处于断开状态时，检测点 1 的电压为 6 V；当开关 S 处于闭合状态时，检测点 1 的电压为 4 V。

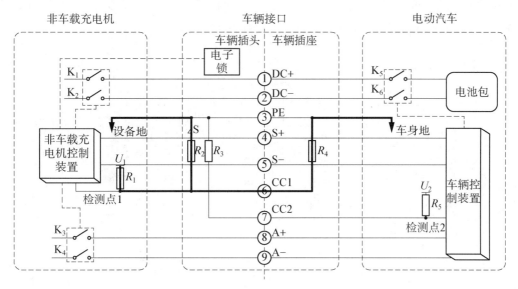

图 3-33　非车载充电机控制装置确认车辆接口完全连接状态

2. 上电阶段

1）充电唤醒

非车载充电机完成自检后，则闭合接触器 K_3/K_4，使低压辅助供电回路导通，唤醒车辆控制装置，同时开始周期发送充电机辨识报文，如图 3-34 所示。

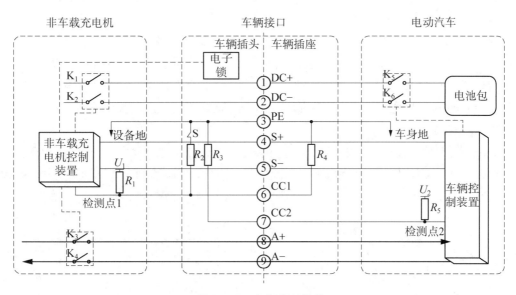

图 3-34　充电唤醒信号

2）车辆控制装置对车辆接口完全连接状态进行确认

在得到非车载充电机提供的低压辅助电源供电后，车辆控制装置 U_2 输出 12 V 电压，通过测量检测点2的电压值判断车辆接口是否完全连接,如图3-35所示。如果车辆接口的 CC2 完全连接,车辆控制装置检测点2的电压为6 V。

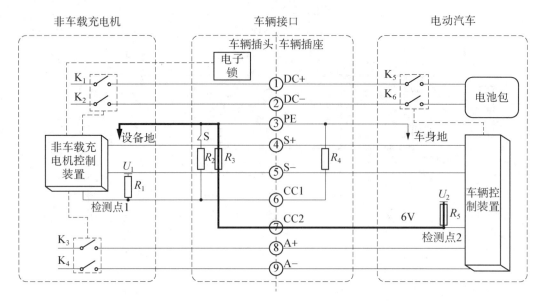

图3-35　车辆控制装置确认车辆接口完全连接状态

3) 充电握手阶段

在充电机和车辆控制装置物理连接完成并上电后,车辆控制装置首先检测低压辅助电源是否匹配,如果低压辅助电源匹配,双方进入握手阶段。

充电机向车辆控制装置发送充电机辨识报文,车辆控制装置收到充电机辨识报文之后向充电机发送车辆辨识信息(电池类型、整车动力电池系统额定容量、整车动力电池系统额定电压、电池生产商名称、电池组生产日期、电池组充电次数、车辆识别码 VIN)报文,双方各自接收到信息之后,充电握手成功。典型的充电工作状态转换如图3-36所示。

3. 充电参数配置阶段

充电握手阶段完成后,充电机和车辆控制装置进入充电参数配置阶段。在此阶段,充电机向车辆控制装置发送充电机最大输出能力的报文,车辆控制装置根据充电机最大输出能力判断是否能够进行充电。充电参数配置阶段报文应符合表3-10的要求.

表3-10　充电参数配置阶段报文分类

报文描述	报文具体内容	数据长度/byte	报文周期/ms	源地址-目的地址
动力电池电池充电参数	动力电池单体最高允许充电电压、最高允许充电电流、动力电池标称总能量、最高允许温度、整车动力电池荷电状态、整车动力电池总电压	13	500	车辆控制装置-充电机

（续表）

报文描述	报文具体内容	数据长度/byte	报文周期/ms	源地址–目的地址
电池充电准备就绪状态	动力电池管理系统未做好充电准备、动力电池管理系统已经做好充电准备	1	250	车辆控制装置–充电机
充电机发送时间同步信息	年/月/日/时/分/秒	7	500	充电机–车辆控制装置
充电机最大输出能力	最高输出电压、最低输出电压、最大输出电流	6	250	充电机–车辆控制装置
充电机输出准备就绪状态	充电机未完成充电准备、充电机已经完成充电准备	1	250	充电机–车辆控制装置

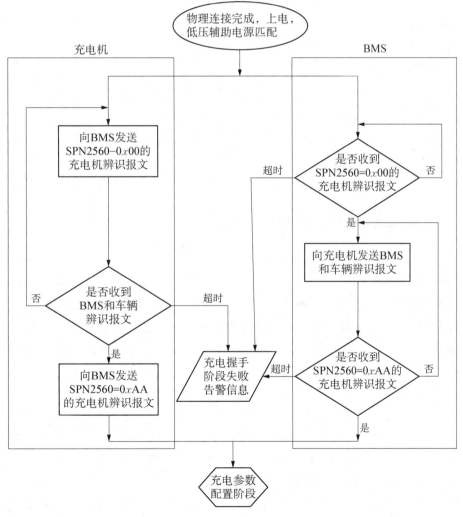

图 3-36　充电握手示意图

4. 充电阶段

1）充电绝缘检测

在充电机端和车辆端均设置 IMD 电路，如图 3-37 所示。在 K_5/K_6 合闸充电前，由充电机负责充电机内部充电电缆的绝缘检查。K_5/K_6 闭合后的充电过程中，由纯电动汽车负责整个系统的绝缘检查。绝缘标准 $R>500\,\Omega/\mathrm{V}$，安全；$100\,\Omega/\mathrm{V}<R<500\,\Omega/\mathrm{V}$，报警，仍可以充电；$R\leqslant100\,\Omega/\mathrm{V}$，停止充电。

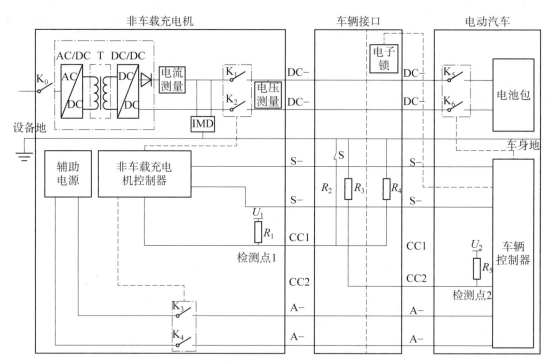

图 3-37　充电绝缘检测电路示意图

2）充电准备就绪

车辆控制装置与非车载充电机控制装置通过通信完成握手和配置后，非车载充电机控制装置检测到动力电池电压正常，要求动力电池电压大于充电机最低输出电压且小于充电机最高输出电压，然后闭合 K_1/K_2。车辆控制装置闭合接触器 K_5/K_6，使直流供电回路导通，如图 3-38 所示。

3）充电过程监控

在整个充电阶段，车辆控制装置通过向非车载充电机控制装置实时发送动力电池充电级别需求来控制整个充电过程。非车载充电机控制装置根据动力电池充电级别需求来调整充电电压和充电电流以确保充电过程正常进行。此外，车辆控制装置根据要求向充电机发送动力电池具体状态信息及电压、温度信息。

车辆控制装置根据充电过程是否正常、电池状态是否达到自身设定的充电结束条件以及是否收到充电机中止充电报文来判断是否结束充电；充电机根据是否收到停止充电

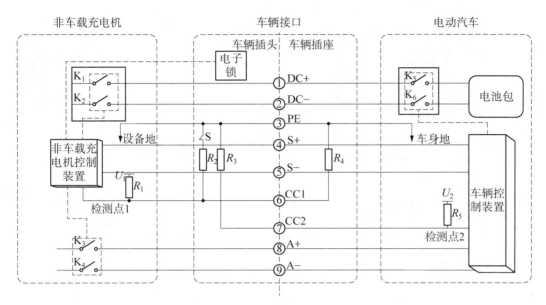

图 3-38 开始充电工作示意图

指令、充电过程是否正常、是否达到人为设定的充电参数值,或者是否收到车辆控制装置中止充电报文来判断是否结束充电。典型的充电工作状态转换如图 3-39 所示。

4)充电阶段报文

充电阶段报文应符合表 3-11 的要求。

表 3-11 充电阶段报文分类

报文描述	优先权	数据长度/byte	报文周期/ms	源地址—目的地址
电池充电需求	6	5	50	车辆控制装置—充电机
电池充电总状态	6	9	250	车辆控制装置—充电机
充电机充电状态	6	6	50	充电机—车辆控制装置
动力电池状态信息	6	7	250	车辆控制装置—充电机
动力电池单体电压	6	不定	1 000	车辆控制装置—充电机
动力电池温度	6	不定	1 000	车辆控制装置—充电机
车辆控制装置中止充电	4	4	10	车辆控制装置—充电机
充电机中止充电	4	4	10	充电机—车辆控制装置

(1)电池充电需求报文。报文目的:让充电机根据电池充电需求来调整充电电压和充电电流,确保充电过程正常进行。如果充电机在 100 ms 内没有收到该报文,即为超时错误,充电机应立即结束充电。报文内容:充电电压、充电电流、充电模式(恒压充电、恒流充电),在恒压充电模式下,充电机的输出电压应满足电压需求值,输出电流不能超过电流需

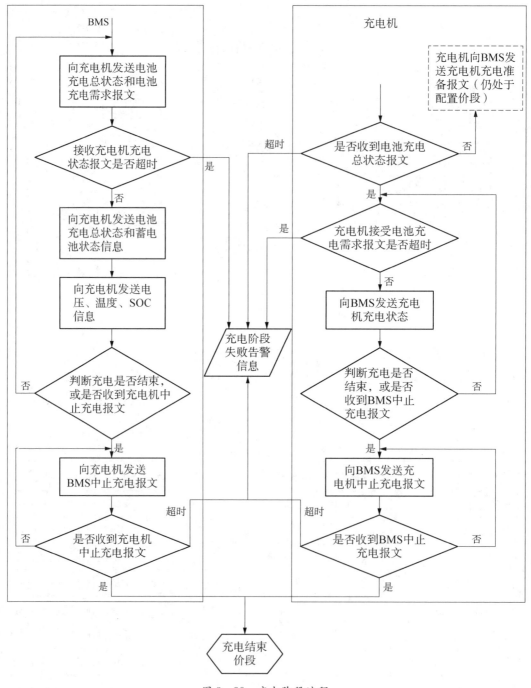

图3-39　充电阶段流程

求值；在恒流充电模式下，充电机输出的电流应满足电流需求值，输出电压不能超过电压需求值。

（2）电池充电总状态报文。报文目的：让充电机监视充电过程中电池组充电电压、充电电流等充电状态。报文内容：充电电压测量值、充电电流测量值、最高动力电池单体电池电压及其组号、当前荷电状态 SOC(%)、估算剩余充电时间(min)。

（3）充电机充电状态报文。报文目的：让车辆控制装置监视充电机当前输出的充电电流、电压值等信息。如果车辆控制装置在 100 ms 内没有收到该报文，即为超时错误，车辆控制装置应立即结束充电。报文内容：电压输出值、电流输出值、累计充电时间。

（4）动力电池状态信息报文。报文目的：充电阶段，车辆控制装置发送给充电机的动力电池状态信息。报文内容：最高动力电池单体电压所在编号、最高动力电池温度、最高温度检测点编号、最低动力电池温度、最低动力电池温度检测点编号、单体电池电压正常/过高/过低、整车动力电池荷电状态 SOC 正常/过高/过低、动力电池充电电流正常/过高/不可信、动力电池温度正常/过高/不可信、动力电池绝缘状态正常/过高/不可信、动力电池组输出连接器状态正常/过高/不可信、充电允许/禁止。

（5）动力电池单体电压报文。报文目的：各个动力电池单体电压值。报文内容：♯1动力电池单体电压、♯2动力电池单体电压、♯3动力电池单体电压、♯4动力电池单体电压、♯5动力电池单体电压、♯6动力电池单体电压等。

（6）动力电池温度报文。报文目的：动力电池温度。报文内容：动力电池温度1、动力电池温度2、动力电池温度3、动力电池温度4、动力电池温度5以及动力电池温度6等。

（7）车辆控制装置中止充电报文。报文目的：让充电机确认车辆控制装置将发送中止充电报文以令充电机结束充电过程以及输出结束充电原因相关信息。报文内容：车辆控制装置中止充电原因、中止充电故障原因、中止充电错误原因。

（8）充电机中止充电报文。报文目的：让车辆控制装置确认充电机即将结束充电过程以及输出结束充电原因相关信息。报文内容：充电机中止充电原因、中止充电故障原因、中止充电错误原因。

5. 正常条件下充电结束

1）充电结束控制

车辆控制装置根据电池系统是否达到满充状态或是否收到"充电机中止充电报文"来判断是否结束充电。在满足以上充电结束条件时，车辆控制装置开始周期发送"车辆控制装置中止充电报文"，在一定时间后断开接触器 K_5 和 K_6。当收到"车辆控制装置中止充电报文"后，非车载充电机控制装置开始周期发送"充电机中止充电报文"，并控制充电机停止充电，之后断开接触器 K_1 和 K_2，双方进入充电结束阶段。

当操作人员实施了停止充电指令时，非车载充电机控制装置断开 K_3 和 K_4，然后电子锁解锁。

2）充电结束报文

在此阶段车辆控制装置向非车载充电机发送整个充电过程中的充电统计数据，包括初始 SOC、终了 SOC、电池最低电压和最高电压；充电机统计数据后向车辆控制装置发送整个充电过程中的输出电量、累计充电时间等信息。

6. 故障条件下的安全保护

（1）在充电过程中，如果车辆出现不可以继续进行充电的严重故障，则车辆控制装置开始周期发送"车辆控制装置中止充电报文",在一定时间后断开接触器 K_5 和 K_6。

（2）在充电过程中，如果非车载充电机出现不可以继续进行充电的严重故障，则非车载充电机控制装置开始周期发送"充电机中止充电报文"，在一定时间后断开接触器 K_1、K_2、K_3、K_4。

（3）在充电过程中，非车载充电机控制装置如果确认通信中断，则控制非车载充电机停止充电，之后断开接触器 K_1、K_2、K_3、K_4。

（4）在充电过程中，非车载充电机控制装置通过对检测点 1 的电压进行检测，如果判断开关 S 由闭合变为断开，并在一定时间内持续保持断开状态，则控制非车载充电机停止充电，之后断开接触器 K_1、K_2、K_3、K_4。

（5）在充电过程中，非车载充电机控制装置通过对检测点 1 的电压进行检测，如果判断开关 S 由闭合变为完全断开，则控制非车载充电机停止充电，之后断开接触器 K_1、K_2、K_3、K_4，然后电子解锁。

（6）直流充电过程的状态定义如表 3-12 所示。

表 3-12　直流充电过程状态定义

充电过程状态	充电接口状态	S	充电机自检是否完成	握手和配置是否完成	通信状态	可否充电	电压1/V	电压2/V	说明
状态1	断开	断开	—	—	—	否	12	—	没有建立通信
状态2	断开	闭合	—	—	—	否	6	—	没有建立通信
状态3	连接	闭合	否	—	—	否	4	—	充电机没有完成自检，没有建立通信
状态4	连接	闭合	是	否	有	否	4	6	闭合接触器 K_3 和 K_4，建立通信
状态5	连接	闭合	是	是	有	是	4	6	闭合接触器 K_5 和 K_6，闭合接触器 K_1 和 K_2
状态6	连接	闭合	是	是	无	否	4	6	通信中断，启动相应保护策略
状态7	连接	断开	是	是	—	否	6	6	如果在一定时间内持续无法通信，则非车载充电机启动相应的保护策略
状态8	断开	断开	是	是	—	否	12	6/12	非车载充电机和车辆启动相应的保护策略

3.4.4　直流快充继电器控制

高压控制单元内的快充继电器有两个，分别为快充正极继电器和快充负极继电器，如图 3-40 所示。

图 3-40　直流快充继电器

当点火开关打到 ON 挡时,ON 挡继电器闭合;当车辆控制装置与非车载充电机控制装置通过通信完成握手和配置后,整车控制器控制快充继电器闭合,高压直流电经快充继电器由高压控制单元的动力电池线束插件输出到动力电池。

任务实施

小组合作检测直流快充电路。

1. 任务准备

(1) 安全防护装备:绝缘手套、安全警示标识等。

(2) 车辆、台架:北汽 EV160 新能源整车、动力电池实训台架。

(3) 专用工具:数字式万用表。

2. 安全注意事项

(1) 确定车辆或实训台架处于安全状态。

(2) 遵守新能源汽车操作安全提示。

3. 任务检测过程

北汽 EV160 新能源汽车整车检测直流快充电路的步骤及实施方法如表 3-13 所示。

表 3-13　检测直流快充电路的步骤及实施方法

步骤	实施方法
1. 检查车辆快充接口各连接端子有无损坏	故障状态快充接口

（续表）

步　骤	实　施　方　法
	 正常状态快充接口 检查情况：_____
2. 检测直流充电插座 CC1 与 PE 电阻是否正常	电阻正常为_____Ω
3. 检测直流充电插座 CC2 电压是否正常	 CC₂为蓄电池电压 注意：打开点火开关，检测电压：_____V
4. 测量直流充电插座通信系统信号电压	 S＋电压：_____V S－电压：_____V
5. 测量通信线路电阻	测量 S＋与 S－电阻，正常值约为_____Ω

📍 项目测评

1. 新能源汽车充电分为_____和_____两种方式，也称为慢充和快充。慢充系统使用交流_____V单相电，直流充电系统一般使用工业_____V三相电。

2. 交流充电的三孔电源插头分别是_____、_____、_____。

3. 交流充电枪共有5位有效触头，其中_____为充电连接确认，_____为控制确认，_____为交流电源，其额定电压为220 V，_____为工作接地，_____为保护接地。

4. 充电枪的CC与PE之间电阻正常为_____Ω或_____Ω，充电电缆容量为16 A时电阻为_____Ω，充电电缆容量为32 A时电阻为_____Ω。

5. 结束充电时应按下充电枪解锁按键并保持_____秒再拔枪，不要直接或快速拔出充电枪，否则将存在电弧风险。

6. 给锂离子电池充电时，将电源开关置于_____位置，否则锂离子电池充电可能不会开始。

7. 如果长时间不使用车辆，仍需每_____个月给锂离子电池充一次电。

8. 交流充电枪的CC端子是_____（充电枪还是车辆）用来判断充电枪与车辆物理连接是否良好。

9. 当交流充电枪与车辆充电插座连接后，_____输出5 V或12 V电压。

10. 当CP电压为_____V时供电装置认为充电枪与充电插座物理连接良好。

11. 供电控制装置输出占空比信号通过车载充电机构成回路，车辆控制装置通过测量检测点2的PWM信号占空比，确认当前供电设备的_____。

12. 当车载充电机允许充电时CP电压为_____V。

13. 车载充电机的高压线束连接为：高压输入端连接_____，高压输出端连接_____。

14. 车载充电机的作用是将输入的_____V交流电转换为动力电池所需的_____V高压直流电。

15. 当充电桩与车载充电机建立充电关系后，在车载充电机自检完成没有故障的情况下，车载充电机控制内部继电器接通，给_____发出慢充唤醒信号，然后整车控制器再唤醒_____。

16. 车载充电机与BMS动力电池管理单元进行通信，通信内容有_____、_____、_____等。

17. 充电枪开始充电时，电压输出为_____V。

18. 根据直流充电接口标识完成表格内容。

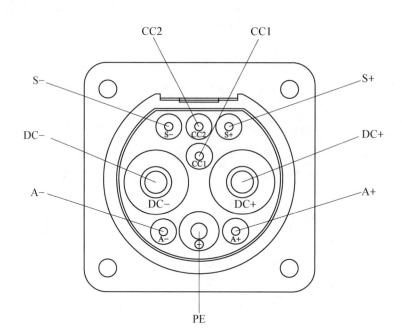

触头编号/标识	额定电压和额定电流	功能定义
	750 V 125 A/250 A	直流电源正,连接直流电源正与电池正极
	750 V 125 A/250 A	直流电源负,连接直流电源负与电池负极
3-(PE)	—	
	30 V 2 A	充电通信 CAN-H,连接非车载充电机与纯电动汽车的通信线
	30 V 2 A	充电通信 CAN-L,连接非车载充电机与纯电动汽车的通信线
	30 V 2 A	充电连接确认1
CC2	30 V 2 A	—
	30 V 20 A	低压辅助电源正,连接非车载充电机为纯电动汽车提供的低压辅助电源
	30 V 20 A	低压辅助电源负,连接非车载充电机为纯电动汽车提供的低压辅助电源
非车载充电机控制装置和车辆控制装置应有 CAN 总线终端电阻,建议为 120 Ω,通信线宜采用屏蔽双绞线,非车载充电机端屏蔽层接地		

19. 根据直流充电电路,完成以下内容。

(1) $R_1/R_2/R_3/R_4$ 的电阻为_____Ω。

(2) U_1/U_2 的电压为_____V。

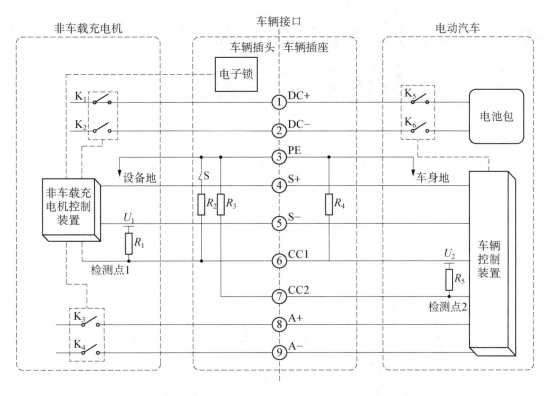

（3）当充电插头与充电插座未连接时，检测点 1 的电压为_____V；当充电插头与充电插座连接，但开关 S 处于断开状态时，检测点 1 的电压为_____V；当开关 S 处于闭合状态时，检测点 1 的电压为_____V。

（4）如果车辆接口的 CC2 完全连接，车辆控制装置检测点 2 的电压为_____V。

20. 直流充电时，充电桩通过_____和_____发出唤醒信号，唤醒_____。

21. 直流快充继电器安装在_____。

项目4 混合动力汽车动力电池系统故障诊断与排除

⚡ 项目导入

项目名称		混合动力汽车动力电池系统故障诊断与排除			
姓名		班级		成绩	
组别		组长		场地	
日期		学时		指导教师	
项目描述	一辆2018款丰田卡罗拉混合动力汽车,车辆无法起动,仪表主警告灯点亮,显示屏显示"HV蓄电池故障"。 小明是丰田4S店的一名汽车维修工,今天接到班组长的派工单,要求在2个小时内完成动力电池包故障检修。 请你以小组合作的形式,通过阅读维修工单,明确任务要求,查阅维修手册,确定作业流程与技术标准,在规定工期内完成动力电池信号采集、动力电池单体性能、动力电池线路管理等检查维修,使汽车恢复正常使用性能。自检合格后,填写维修工单,交付班组长进行质量检验,在工作过程中遵循现场工作规范。				
项目目标	(1) 能阅读并规范填写维修工单,就车确认汽车状况并记录相关信息,明确丰田混合动力汽车动力电池检查维修的项目、内容和工期要求。 (2) 能参照维修手册和前期获取的相关知识,根据厂家规定制定丰田混合动力汽车动力电池检查维修作业流程,并进行作业前的准备工作。 (3) 能按照丰田混合动力汽车动力电池检查维修作业方案,以双人合作的方式,在规定时间内完成动力电池信号采集、动力电池单体性能、动力电池线路管理等检查维修,并填写检查维修记录。 (4) 能根据企业三级检验制度,按行业竣工检验标准,对检查维修作业质量进行自检、组检和终检,在维修工单上填写质检结果并签字确认后交付车辆。				

任务 4.1 混合动力汽车动力电池信号采集故障检修

任务描述

一辆 2018 款卡罗拉混合动力汽车,仪表主警告灯点亮,显示屏显示"HV 蓄电池故障"。经维修人员诊断,故障码显示"P1CBB12 混合动力/EVHV 蓄电池电流传感器电源电路对辅助蓄电池短路故障"。初步检查是电流传感器故障,请按规范进行检修。

任务目标

(1) 能说明卡罗拉混合动力汽车蓄电池管理系统的组成与功能。

(2) 能查阅卡罗拉混合动力汽车维修手册,解释故障码含义。

(3) 能小组合作,执行维修手册安全操作标准,检修动力电池信号系统故障。

知识链接

4.1.1 卡罗拉混合动力电池管理系统功能

根据车辆采用的动力电池的类型和动力电池组的组合方法分类,动力电池管理系统主要包括动力电池组信号采集系统、充放电继电器管理系统、热(温度)管理系统。

动力电池管理系统的内容如图 4-1 所示。它的作用是对蓄电池的组合、安装、充电以及放电过程,动力电池组中各蓄电池的不均衡性,蓄电池的管理和维护等进行监管,提高动力电池组的工作效率,保证动力电池组正常运转,避免发生蓄电池的过充放电,有效延长蓄电池的寿命,实现动力电池电池组的安全维护等。

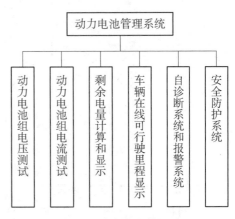

图 4-1 动力电池管理系统

4.1.2　卡罗拉混合动力电池的监控

1. 动力电池组的结构

图4-2　卡罗拉动力电池组

卡罗拉汽车采用如图4-2所示的动力电池组技术。它由28个用Ni-MH材料制成的蓄电池模块组成,每个蓄电池模块均有6个1.2 V的单格。故高压(HV)蓄电池共有168个单格(6个单格×28个模块),电压合计为201.6 V。动力电池组采用串联方式连接,因此,若一个蓄电池损坏,整个动力电池组就会失效,此时只能更换整个动力电池组。另外,每个蓄电池模块均设有通气孔,可以防止蓄电池在充电时产生气体,导致蓄电池膨胀损坏。

2. 动力电池组电压测试

在车辆行驶过程中,混合动力汽车控制ECU(电子控制单元)将HV蓄电池的SOC控制在一个恒定的水平。HV蓄电池有28个模块,蓄电池电压传感器在9个位置监测蓄电池单元电压,如图4-3所示。根据HV蓄电池电压和电流,蓄电池电压传感器计算电阻的数值并判断HV蓄电池是否老化。若蓄电池电压传感器检测到的电压线路有故障,且任一蓄电池单元电压低于规定值,主警告灯与发动机故障报警灯将点亮,蓄电池电压传感器会记录故障码。

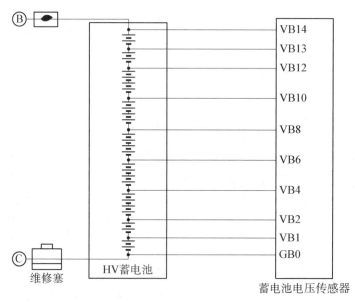

图4-3　蓄电池电压监测

3. 动力电池电流传感器

1) HV蓄电池电流传感器的工作原理

HV蓄电池电流传感器是一种采用半导体材料制成的磁电转换元件,当载流导体有电流经过时,载流导体的周围会产生磁场,磁场强度与电流大小成正比。当磁场穿过电流传感器时产生霍尔电动势,霍尔电动势的大小与电流大小成正比。因此,可通过测量霍尔电动势的大小,间接测量载流导体电流的大小。HV 蓄电池电流传感器的电路如图 4-4 所示。

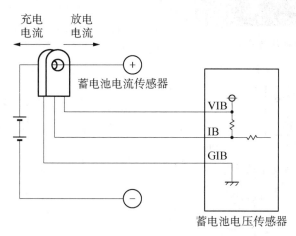

图 4-4　HV 蓄电池电流传感器电路图

2) HV 蓄电池电流传感器的作用

当 HV 蓄电池电流传感器输出电压低于 2.5 V 时,表示 HV 蓄电池正在充电;当输出电压高于 2.5 V 时,表示 HV 蓄电池正在放电,如图 4-5 所示。该电压从 HV 蓄电池电流传感器进入蓄电池管理单元端子 IB,蓄电池管理单元接收 0~5 V 范围内的电压,此电压与电缆的安培数流量成反比,用于检测蓄电池的充放电电流的大小。通过监测 HV 蓄电池总成接收的充电量或放电量的安培数,根据累计的安培数和蓄电池电压,计算 HV 蓄电池的 SOC,可对混合动力控制系统进行优化控制,从而使 HV 蓄电池的 SOC 始终处于规定范围内。

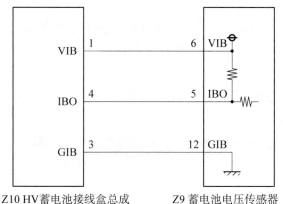

Z10 HV 蓄电池接线盒总成
（蓄电池电流传感器）　　Z9 蓄电池电压传感器

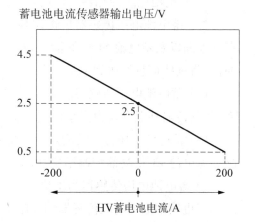

图 4-5　HV 蓄电池电流传感器电压变化

图 4-6　蓄电池电压传感器

4. 蓄电池电压传感器

1）蓄电池电压传感器的工作原理

蓄电池电压传感器（实际上指的是 HV 蓄电池管理单元 BMS）安装在 HV 蓄电池的侧面，如图 4-6 所示。它的工作电源来自 IGCT 继电器，受混合动力汽车 ECU 控制，其工作电源电路如图 4-7 所示。

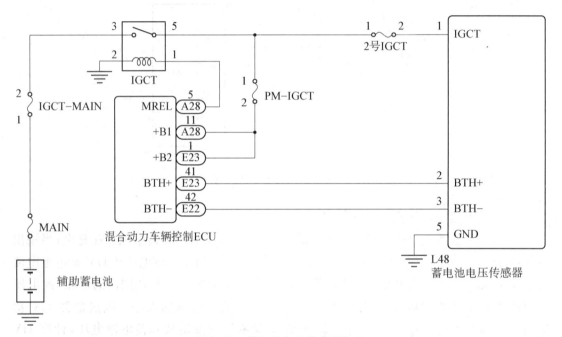

图 4-7　蓄电池电压传感器电路

提示：卡罗拉混合动力汽车将动力电池管理单元 BMS 称为蓄电池电压传感器。

2）蓄电池电压传感器的作用

（1）蓄电池电压传感器负责监测工作电源蓄电池单元的电压、电流、温度等状态、是否存在泄漏以及蓄电池 SOC 的情况，并通过 BTH＋、BTH－数据传输线与 HV ECU 进行通信，将这些信息发送到 HV ECU。

（2）蓄电池电压传感器同时负责监测执行冷却系统控制所需的鼓风机转速，并反馈频率，将其传输到混合动力汽车控制 ECU 总成。

（3）蓄电池电压传感器内配有泄漏检测电路，以检测 HV 蓄电池或高压电路的漏电情况。蓄电池 ECU 功能控制结构如图 4-8 所示。

3）蓄电池电压传感器的维修

当更换蓄电池电压传感器时，则需在更换新蓄电池电压传感器后确认电压。将电源开关置于 ON 挡位置，选择驻车挡（P）且在发动机停机的情况下，确认数据表中的"hybrid

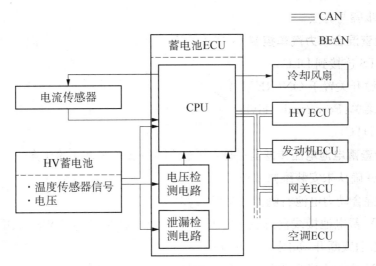

图 4-8　蓄电池电压传感器功能控制结构

battery voltage(混合动力电池电压)""VL-voltage before boosting(增压前电压)"和"VH-voltage after boosting(增压后电压)"为 224 V 或更高。系统正常时,"hybrid battery voltage""VL-voltage before boosting""VH-voltage after boosting"的数值基本相等。

"hybrid battery voltage"和"VL-voltage before boosting"之间的差值最大为 37 V,"hybrid battery voltage"和"VH-voltage after boosting"之间的差值最大为 58 V,"VL-voltage before boosting"和"VH-voltage after boosting"之间的差值最大为 76 V。若所测结果不在上述范围内,则说明蓄电池电压传感器存在故障。

任务实施

小组合作检测"P1CBB12 混合动力/EVHV 蓄电池电流传感器电源电路对辅助蓄电池短路故障"。

1. 任务准备

(1) 安全防护装备:绝缘手套、安全警示标识等。

(2) 车辆、台架:卡罗拉混合动力实训台架。

(3) 专用工具:数字式万用表、诊断仪。

2. 安全注意事项

(1) 确定车辆或实训台架处于安全状态。

(2) 遵守新能源汽车操作安全提示。

3. 任务实施过程

1) 故障原因分析

(1) DTC 检测条件:蓄电池电压传感器检测到 HV 蓄电池电流传感器的电源电压过高。

(2) 故障部位:蓄电池电压传感器故障、HV 蓄电池接线盒总成故障、线束或连接器故障。

2）检修步骤与方法

Step1 检查混合动力汽车控制 ECU 故障码

① 将 GTS 连接到 DLC3。

② 将电源开关置于 ON(READY)位置。

③ 进入菜单：Powertrain/Hybrid Control/Trouble Codes。

④ 检查 DTC。

Step2 检查蓄电池电压传感器—HV 蓄电池接线盒总成之间的线束

① 检查并确认未安装维修塞把手。

② 拆下混合动力电池右侧盖分总成。

③ 从 HV 蓄电池接线盒总成上断开 HV 蓄电池高压连接器 W2，断开前检查并确认其连接器未松动或断开，如图 4-9 所示。

④ 从 HV 蓄电池接线盒总成上断开 HV 蓄电池电流传感器连接器 Z10，断开前检查并确认其连接器未松动或断开。如图 4-10 所示。

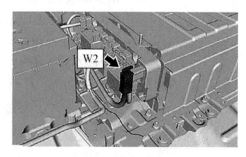

图 4-9　HV 蓄电池高压连接器 W2

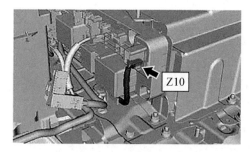

图 4-10　HV 蓄电池电流传感器的连接器 Z10

⑤ 断开蓄电池电压传感器的连接器 Z9，断开前检查并确认其连接器未松动或断开，如图 4-11 所示。

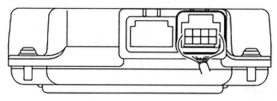

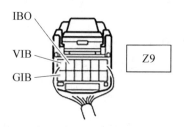

图 4-11　蓄电池电压传感器连接器 Z9

⑥ 根据表 4-1 中的电阻值检测电流传感器是否存在故障。

各端子间的标准电阻(断路检查)如表 4-1 所示。

表 4-1　各端子间标准电阻(断路检查)

检测仪连接	条件	规定状态
Z9-5(IBO)—Z10-4(IBO)	电源开关关闭	小于 1 Ω
Z9-12(GIB)—Z10-3(GIB)	电源开关关闭	小于 1 Ω
Z9-6(VIB)—Z10-1(VIB)	电源开关关闭	小于 1 Ω

各端子间的标准电阻(短路检查)如表 4-2 所示。

表 4-2　各端子间标准电阻(短路检查)

检测仪连接	条件	规定状态
Z9-5(IBO)或 Z10-4(IBO)与车身搭铁	电源开关关闭	10 kΩ 或更大
Z9-12(GIB)或 Z10-3(GIB)与车身搭铁	电源开关关闭	10 kΩ 或更大
Z9-6(VIB)或 Z10-1(VIB)与车身搭铁	电源开关关闭	10 kΩ 或更大

Step3 检查蓄电池电压传感器 VIB 端子输出电压

① 重新连接蓄电池电压传感器的连接器 Z9 和 HV 蓄电池电流传感器的连接器 Z10。

② 连接辅助蓄电池负极。

③ 将电源开关置于 ON 位置。

④ 测量蓄电池电压传感器 Z9-6(VIB)与 Z9-12(GIB)端子之间的电压,如图 4-12 所示。正常电压为 4.6～5.4 V,若出现异常,则需要更换蓄电池电压传感器。

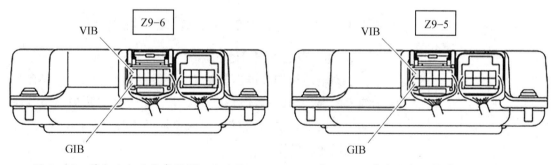

图 4-12　蓄电池电压传感器 Z9-6 端子　　　　图 4-13　蓄电池电压传感器 Z9-5 端子

Step4 检查 HV 蓄电池电流传感器输出电压

测量蓄电池电压传感器 Z9-5(IBO)与 Z9-12(GIB)端子之间的电压,如图 4-13 所示。正常电压应为 2.46～2.54 V,若电压正常,更换蓄电池电压传感器;若电压异常,更换 HV 蓄电池接线盒总成。

任务 4.2 混合动力汽车动力电池充放电继电器故障检修

任务描述

一辆 2018 款卡罗拉混合动力汽车，仪表主警告灯点亮，显示屏显示"HV 蓄电池故障"。经维修人员诊断，故障码显示"P0AD911 混合动力/EV 蓄电池正极触点电路对搭铁短路"。初步检查是蓄电池继电器故障，请按规范进行检修。

任务目标

(1) 认识卡罗拉混合动力汽车动力电池充放电继电器部件，并说明工作过程。
(2) 查阅卡罗拉混合动力汽车维修手册，掌握故障代码含义。
(3) 能小组合作，执行维修手册标准，检修动力电池充放电继电器故障。

知识链接

4.2.1 卡罗拉混合动力电池线路管理系统组成

1. 动力电池线路管理的功能

动力电池组的总电压较高时，导线的截面积比较小，有利于线束的连接和固定，但高电压要求有更可靠的防护。一般在电池组和电池组之间装有手动或自动断电器，以便在安装、拆卸和检修时切断电流。

动力电池线路管理的功能是管理蓄电池与蓄电池、动力电池组与动力电池组之间的线路，如图 4-14 所示。

2. 卡罗拉混合动力汽车动力电池接线盒组成

卡罗拉混合动力汽车动力电池接线盒包括系统主继电器（SMR）、预充电阻器和 HV 蓄电池电流传感器，如图 4-15 所示。

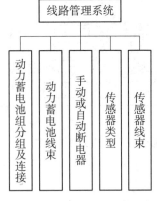

图 4-14 卡罗拉混合动力汽车动力电池线路管理系统

卡罗拉混合动力汽车的高压电路通过 SMR 连接。SMR 根据混合动力汽车控制 ECU 总成的信号,连接或断开 HV 蓄电池与电源电缆(线束组)。系统共有 3 个主继电器,1 个用于正极侧(SMRB),2 个用于负极侧(SMRP、SMRG),其安装位置如图 4-15 所示,其控制电路如图 4-16 所示。同时,混合动力汽车控制 ECU 总成利用 SMR 监测继电器触点的工作情况。

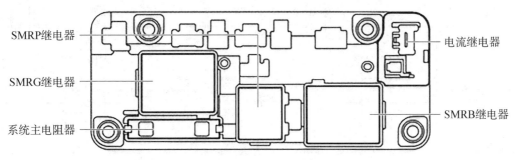

图 4-15 系统主继电器的安装位置

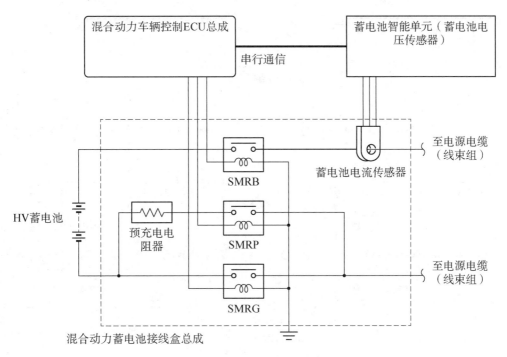

图 4-16 SMR 控制电路

注意:不要从接线盒总成中拆卸系统主继电器。

4.2.2 卡罗拉混合动力电池线路管理系统工作过程

1. SMR 充电控制

SMRB、SMRP 继电器需要先进行预充电。将电源开关置于 ON(IG)位置时,踩下制动,"READY"指示灯亮,系统主继电器(SMR)根据 HV ECU 的信号,依次接通正极侧(SMRB)和负极侧(SMRP),并通过预充电阻器施加电流。其目的是用较小的电流给逆变器电容充电。当电容两端电压接近蓄电池总电压时,断开 SMRP 继电器后再闭合 SMRG继电器,进行主充电。SMR 充电控制过程如图 4-17 所示。

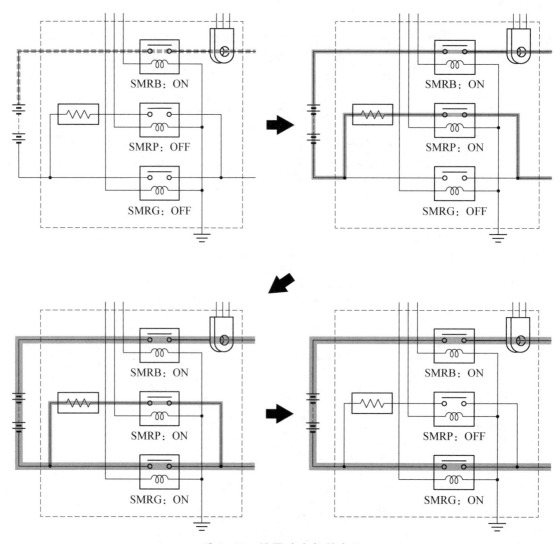

图 4-17　SMR 充电控制过程

提示:主继电器为什么需要预充电? 因为在逆变器电路(图 4-18)中含有电容,如果没有预充电回路,主正、主负继电器直接与电容 C 闭合,负载电阻仅仅是导线及继电器触点电阻,电容 C 两端电压值接近 0,相当于瞬间短路,导致主正、主负继电器很容易损坏。

2. SMR 断开控制

混合动力系统切换至 ON(READY)以外的状态时,混合动力汽车控制 ECU 总成首先断开 SMRG。在确定 SMRG 正常工作后,断开 SMRB。在确定 SMRB 正常工作后,接通

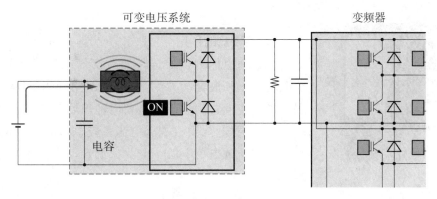

图 4 - 18 逆 变 器 电 路

SMRP,然后再断开,此时,混合动力汽车控制 ECU 总成便可确认相关继电器已正确断开,如图 4 - 19 所示。

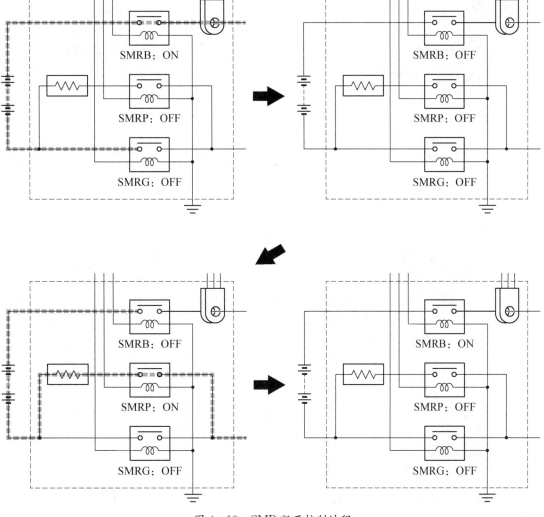

图 4 - 19 SMR 断开控制过程

3. 维修塞

1）维修塞的作用

维修塞也称为检修连接器或高压电池组维修无关，是纯电动汽车和混合动力汽车上高压电池组中两组蓄电池之间的电气连接器。它起到将蓄电池串联起来的作用。断开维修塞后，蓄电池输出端无电压。应急情况下或检修时，维修塞将切断蓄电池电源。卡罗拉混合动力汽车的维修塞如图 4-20 所示。

图 4-20　卡罗拉混合动力汽车维修塞

2）维修塞把手内的互锁开关

卡罗拉维修塞把手设计有互锁开关，但是没有 125 A 保险，125 A 保险需单独安装。若拆下维修塞把手与逆变器盖，则互锁信号线路断路，若此时车辆正在行驶，将判定为断路，ECU 记录故障码 P0A0A13 或 P0A0A92，主警告灯点亮，但是系统主继电器不切断。只要重新正确安装互锁开关，将电源开关置于 ON 位置，系统就会恢复正常。若检测到互锁开关断路，将从下一行程切断系统主继电器，直至恢复正常状态。

当拔下维修塞，互锁开关断开，ILK 信号线的电压为高电位；插上维修塞，互锁开关闭合，ILK 信号线的电压为低电位。互锁开关电路如图 4-21 所示。

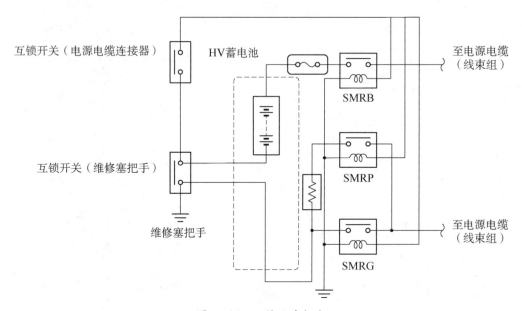

图 4-21　互锁开关电路

任务实施

小组合作检修 P0AD911 混合动力/EV 蓄电池正极触点电路对搭铁短路故障。

1. 任务实施

（1）安全防护装备：绝缘手套、安全警示标识等。

（2）车辆、台架：卡罗拉混合动力实训台架。

（3）专用工具：数字式万用表、诊断仪。

2. 安全注意事项

（1）确定车辆或实训台架处于安全状态。

（2）遵守新能源汽车操作安全提示。

3. 任务实施过程

1）检查互锁开关

拆卸维修塞把手，检查互锁开关，其正常电阻值应小于 1Ω，否则要更换维修塞把手。

2）检查逆变器总成高压电路

（1）检查并确认逆变器总成上的 HV 地板底部线束螺栓连接牢固且无接触故障，如图 4-22 所示。

（2）从逆变器总成上断开 HV 地板底部线束 W1，如图 4-23 所示。检查 HV 地板底部线束是否有电弧痕迹。如果有电弧痕迹，则需要更换故障零件。

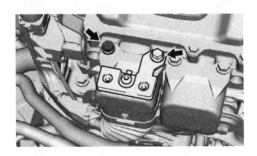

图 4-22　逆变器总成的 HV 地板底部线束连接

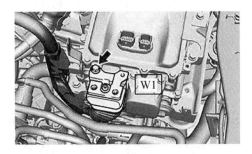

图 4-23　HV 地板底部线束连接器 W1

3）检查 HV 蓄电池接线盒总成高压电路

（1）从 HV 蓄电池接线盒总成上断开 HV 地板底部线束连接器 W2 和 W3，如图 4-24 所示。

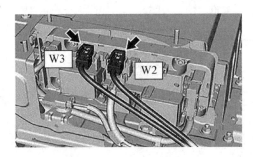

图 4-24　HV 地板底部线束连接器 W2 与 W3

（2）检查 HV 地板底部线束和 HV 蓄电池接线盒总成的端子是否有电弧痕迹，如果有电弧痕迹，则需要更换故障部件。

4）检查逆变器总成—蓄电池接线盒间的高压电路

（1）检查 W1 与 W2/W3 线束的导通性。

检查 W1 与 W2、W1 与 W3 之间的导通性，如图 4 - 25 所示，正常电阻值应小于 1 Ω。

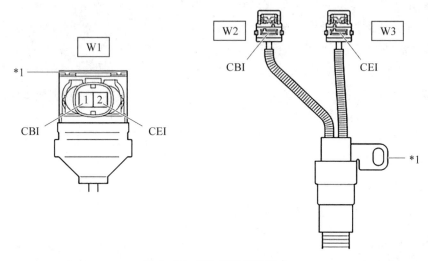

图 4 - 25　W1/W2/W3 线束

（2）检查 W2/W3 线束的绝缘性。

使用 500 V 的兆欧表检测 W2（CBI）、W3（CEI）与车身搭铁和屏蔽搭铁（*1），电源开关关闭，正常电阻值应大于 10 MΩ，否则需要更换线束。

5）检查蓄电池接线盒上的 SMR 继电器

HV 蓄电池接线盒总成（SMRB）如图 4 - 26 所示。未在端子 L50 - 1（SMRB）和 L50 - 3（GND）之间施加辅助蓄电池电压时，W2 - 1（CBI）与 t2 - 1（＋）之间电阻值应大于 10 kΩ；在端子 L50 - 1（SMRB）和 L50 - 3（GND）之间施加辅助蓄电池电压时，W2 - 1（CBI）与 t2 -

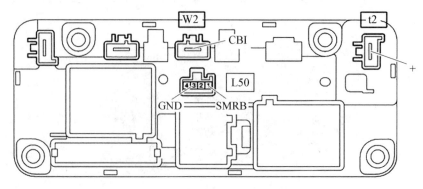

图 4 - 26　HV 蓄电池接线盒总成（SMRB）

1(＋)之间电阻值应小于1Ω。L50－1(SMRB)与L50－3(GND)之间的正常电阻值应为20～40Ω,否则需要更换SMRB继电器。

6)检查HV蓄电池接线盒总成

HV蓄电池接线盒总成(SMRG)如图4－27所示。未在端子L50－4(SMRG)和L50－3(GND)之间施加辅助蓄电池电压时,W3－1(CEI)与A－1(一)之间的电阻值应大于10kΩ;在端子L50－4(SMRG)和L50－3(GND)之间施加辅助蓄电池电压时,W3－1(CEI)与A－1(一)之间的电阻值应小于1Ω。L50－4(SMRG)与L50－3(GND)之间的正常电阻值应为20～40Ω,否则需要更换SMRG继电器。

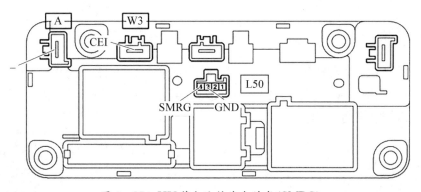

图4－27　HV蓄电池接线盒总成(SMRG)

任务 4.3 混合动力汽车动力电池热管理故障检修

 任务描述

现有一辆 2018 款卡罗拉混合动力汽车,仪表主警告灯点亮,显示屏显示"HV 蓄电池故障"。经维修人员诊断,故障码显示"P0A8196 混合动力/EV 蓄电池冷却风扇零部件内部故障",请按规范进行检修。

 任务目标

(1) 能说明混合动力汽车动力电池热管理系统的控制策略。

(2) 能查阅卡罗拉混合动力汽车维修手册,解释故障码含义。

(3) 能小组合作,执行维修手册标准,检修动力电池热管理系统故障。

视频:检修混合动力汽车电池热管理故障

 知识链接

4.3.1 卡罗拉混合动力电池热管理系统的功能

1. 温度对动力电池组的影响

1) 对使用中的能量与功率性能的影响

在温度较低的环境下,电池的可用容量将迅速衰减。若在低温(如 0 ℃ 以下)环境下对电池进行充电,可能引发瞬间的电压过充现象,造成电池内部短路。

2) 对动力电池安全性的影响

生产制造环节的缺陷或使用过程中的不当操作可能造成电池局部过热,进而引起连锁放热反应,以至产生烟雾、造成起火甚至爆炸等严重的热失控事件,直接威胁车辆驾乘人员的生命财产安全。

3) 对动力电池使用寿命的影响

电池的工作适宜温度为 10～30 ℃,过高或过低的温度都将导致电池寿命较快衰减。

动力电池的大型化使得其表面积与体积之比相对减小,电池内部热量不易散出,可能导致电池内部温度不均、局部温度过高等问题,会进一步加速电池寿命衰减。

2. 动力电池热管理系统的功能

动力电池热管理系统是应对电池的热问题和保证动力电池使用性能、安全性及寿命的关键技术之一。热管理系统的主要功能包括:

(1)在电池温度较高时进行有效的散热,防止发生热失控事故。

(2)在电池温度较低时进行预热,提高电池温度,确保低温下的充放电性能和安全性。

(3)减小动力电池组内的温度差异,抑制局部热区的形成,防止处在高温区的蓄电池过快衰减,提高动力电池组的整体寿命。

4.3.2 卡罗拉混合动力电池热管理系统的工作过程

1. 蓄电池温度监测

HV 蓄电池内置 4 个温度传感器,其中 1 个为进气温度传感器,3 个为蓄电池温度传感器,如图 4-28 所示。温度传感器通过实时测量单节蓄电池的温度变化,使蓄电池管理单元控制鼓风机转速,对蓄电池进行散热保护,其电路如图 4-29 所示。例如,当打开空调系统以降低车内温度时,若 ECU 检测到进气温度传感器与蓄电池温度传感器温度有偏差,则蓄电池电压传感器会关闭冷却鼓风机或将其固定在低挡转速。

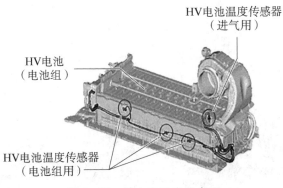

HV电池温度传感器
（进气用）

HV电池
（电池组）

HV电池温度传感器
（电池组用）

图 4-28 蓄电池温度传感器

2. 蓄电池冷却鼓风机控制

在重复的充放电过程中,HV 蓄电池会产生热量。为了保证 HV 蓄电池良好的工作性能,丰田专门为 HV 蓄电池提供了一套冷却系统,如图 4-30 所示。

混合动力汽车控制 ECU 根据动力电池组的温度信号控制蓄电池冷却鼓风机总成转速,混合动力汽车控制 ECU 的端子 MREL 接通 IGCT 继电器,向蓄电池冷却鼓风机总成供电,混合动力汽车控制 ECU 发送指令信号(SIO)到蓄电池冷却鼓风机总成调节鼓风机

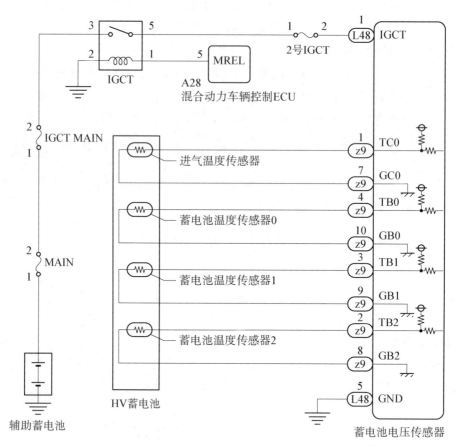

图 4-29　蓄电池温度传感器电路

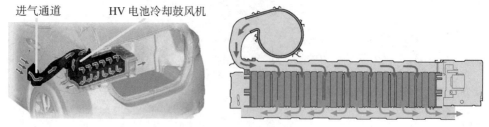

图 4-30　蓄电池冷却系统

转速,与 HV 蓄电池温度相适应。利用串行通信通过蓄电池电压传感器,将蓄电池冷却鼓风机总成的频率(FPO)作为监视信号发送到混合动力汽车控制 ECU,如图 4-31 所示。卡罗拉混合动力汽车的蓄电池冷却鼓风机控制电路如图 4-32 所示。

3. 动力电池进气口滤清器

蓄电池的进气口设置有滤清器。若多媒体信息显示屏中有警告信息显示,请检查 No. 1 HV 蓄电池进气口滤清器,如图 4-33 所示。

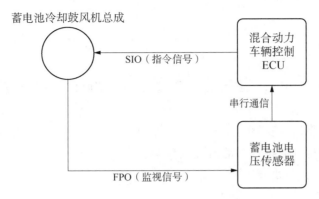

图 4-31　鼓风机转速控制原理

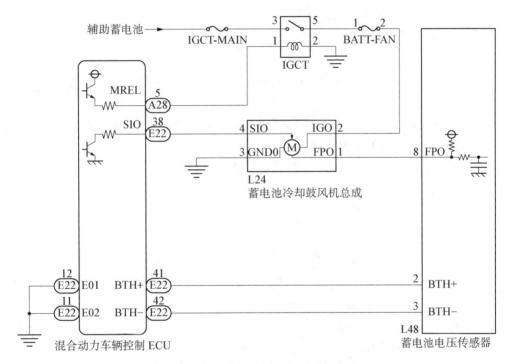

图 4-32　蓄电池冷却鼓风机控制电路

图 4-33　检查蓄电池进气口滤清器

任务实施

小组合作检测"P0A8196 混合动力/EV 蓄电池冷却风扇零部件内部故障"。

1. 任务准备

（1）安全防护装备：绝缘手套、安全警示标识等。

（2）车辆、台架：卡罗拉混合动力实训台架。

（3）专用工具：数字式万用表、诊断仪。

2. 安全注意事项

（1）确定车辆或实训台架处于安全状态。

（2）遵守新能源汽车操作安全提示。

3. 任务实施过程

1）故障原因分析

（1）DTC 检测条件。蓄电池冷却鼓风机总成存在故障且实际转速不在 ECU 计算的目标转速的规定范围内。

（2）故障点可能是蓄电池电压传感器故障、混合动力车辆控制 ECU 故障、蓄电池冷却鼓风机总成故障、线束或连接器故障。

2）检修步骤与方法

（1）检查 DTC 输出。

① 将 GTS 连接到 DLC3。

② 将电源开关置于 ON(IG)位置。

③ 进入以下菜单：Powertrain/Hybrid Control/Trouble Code。

④ 检查 DTC，若没有其他故障码输出，进入第 2 步。若有故障码 P0AFC00 或 P0AFC96 输出，按照故障码维修。

（2）主动测试蓄电池鼓风机。

① 将 GTS 连接到 DLC3。

② 将电源开关置于 ON(IG)位置。

③ 进入菜单：Powertrain/Hybrid Control/Active Test/Control the Hybird Battery Cooling Fan。

④ 在"Control the Hybird Battery Cooling Fan"主动测试中选择气流量模式 6 以操作蓄电池鼓风机总成。

注意：如果无法进行主动测试，则跳过 4 进入下一步。根据失效保护系统操作，混合动力汽车控制 ECU 发送指令以操作蓄电池冷却鼓风机总成。

⑤ 检查并确认蓄电池冷却鼓风机工作，空气被吸入进风管且工作声音正常。

如果正常，检查 FPO 线束和连接器（蓄电池冷却鼓风机总成—蓄电池电压传感器）；如果异常，检查保险丝（BATT-FAN）与 SIO 线路。

（3）检查蓄电池鼓风机电源电路。

① 检查并确认未安装维修塞把手。

② 拆下后排座椅靠背总成。

③ 断开冷却鼓风机总成连接器 L24。

④ 测量 L24-2（IGO）与车身搭铁之间的电压，如图 4-34 所示。正常电压值为 11～14 V。若电压异常，检查蓄电池鼓风机保险丝；若显示正常，则检查蓄电池鼓风机（SIO）至 HV ECU 之间线路。

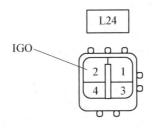

图 4-34　蓄电池鼓风机电源（IGO）

（4）检查蓄电池鼓风机总成至 HV ECU 之间线路。

① 断开混合动力汽车控制 ECU 连接器 E22，断开冷却鼓风机总成连接器 L24。

② 测量 L24-4（SIO）至 HV ECU 之间的电路，如图 4-35 所示。

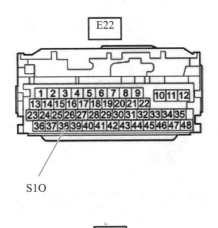

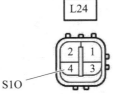

图 4-35　蓄电池鼓风机（SIO）端子与 HV ECU（SIO）端子

③ 按照表 4-3 的 SIO 线路标准电阻值检测是否存在故障。

各端子间标准电阻如表 4-3 所示。

表 4-3　SIO 各端子间标准电阻规定

检测仪连接	条件	规定状态
L24-4(SIO)～E22-38(SIO)	电源开关 OFF	小于 1Ω
L24-4(SIO)～车身搭铁	电源开关 OFF	10 kΩ 或更大

（5）检查蓄电池鼓风机总成至蓄电池电压传感器之间线路。

① 断开冷却鼓风机总成连接器 L24，断开蓄电池电压传感器连接器 L48。断开连接器前，检查并确认两者未断开或松动。

② 测量 L24-1(FPO)与蓄电池电压传感器之间的电路，如图 4-36 所示。

③ 按照表中的标准电阻进行检测。如果线路正常，检查蓄电池电压传感器。

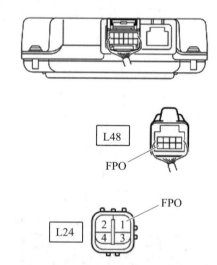

图 4-36　蓄电池鼓风机(FPO)端子与蓄电池电压传感器(FPO)端子

各端子间标准电阻如表 4-4 所示。

表 4-4　FPO 各端子间标准电阻规定

检测仪连接	条件	规定状态
L24-1(FPO)—L48-8(FPO)	电源开关 OFF	小于 1Ω
L24-1(FPO)—车身搭铁	电源开关 OFF	10 kΩ 或更大

（6）检查蓄电池电压传感器。

① 检查并确认未安装维修塞把手。

② 拆下后排座椅总成。

③ 断开蓄电池冷却鼓风机总成连接器 L24。

④ 连接辅助蓄电池负极端子电缆。

⑤ 将电源开关置于 ON 的位置,测量 L24-1(FPO)与 L24-3(GNDO)的电压,电压应该为 4.5~5.5 V,若电压正常,更换蓄电池冷却鼓风机总成;若电压异常,更换蓄电池电压传感器。

项目测评

1. 丰田卡罗拉混合动力汽车动力电池采用_____电池,该电池单元电压_____V,动力电池包合计有_____电池单元,总电压为_____V。

2. 丰田卡罗拉混合动力汽车的电压传感器实际指的是_____控制单元。

3. 丰田卡罗拉混合动力汽车动力电池包内的电流传感器属于_____类型。

4. 丰田卡罗拉混合动力汽车动力电池接线盒上设计有 3 个继电器,分别是_____继电器、_____继电器、_____继电器。

5. 丰田卡罗拉混合动力汽车动力电池接线盒上的预充电阻安装在_____(正极或负极)电缆上。

6. 丰田卡罗拉混合动力汽车_____、_____安装有高压互锁检测电路。

7. 预充电的目的是用较小的电流先给_____充电。

8. 卡罗拉混合动力汽车动力电池管理系统主要包括_____、_____、_____。

9. 卡罗拉混合动力汽车蓄电池鼓风机总成的线路包括_____、_____、_____、_____。

常见汽车整车电路图

卡罗拉混合动力汽车数据流

参考文献

［1］北汽新能源汽车公司.EV160 维修手册［Z］.2015.

［2］比亚迪汽车公司.比亚迪 E5 维修手册［Z］.2017.

［3］一汽丰田汽车公司.卡罗拉双擎维修手册［Z］.2015.

［4］工业和信息化部.GB/T 20234.2—2015 纯电动汽车传导充电用连接装置　第 2 部分：交流充电接口［S］.北京：中国标准出版社.

［5］中国电力企业联合会.GB/T 27930—2015 电动汽车非车载传导式充电机与电池管理系统之间的通信协议［S］.北京：中国标准出版社.

［6］工业和信息化部.GB/T 31484—2015 电动汽车用动力蓄电池循环寿命要求及试验方法［S］.北京：中国标准出版社.

［7］孔超.新能源汽车动力电池拆装与检测［M］.北京：北京理工大学出版社，2020.

［8］吴会波，陈新锐，卢仕维.动力电池与新能源汽车［M］.西安：西北工业大学出版社，2018.

［9］吕江毅，成林.新能源汽车动力蓄电池技术［M］.北京：机械工业出版社，2019.